À **Geneviève**, qui m'a encouragé tous les jours passés à écrire ce guide.

Auteur : Jean-François Vinet
Éditeur : Olivier Gougeon
Adjointe à l'édition : Nadège Picard
Correction : Pierre Daveluy
Conception graphique et mise en page : Pascal Biet
Conception de la page couverture : Marie-France Denis

Remerciements :

Je voudrais d'abord remercier toute l'équipe d'Ulysse, et en particulier Olivier Gougeon, d'avoir cru à l'idée de ce guide.

Je veux aussi remercier mon père, Noël. Sans lui, je ne me serais pas lancé dans cette aventure. Un merci à ma sœur, Manon, qui est toujours là pour m'encourager et me conseiller, et à ma belle-sœur, Karine Miron, pour son analyse du chapitre sur le logement.

Un merci spécial à mes amies et collègues qui ont révisé certaines parties du guide et qui m'ont fourni de bonnes adresses pour aider les étudiants à épargner. Je pense en particulier à Valérie Mercier, qui travaille à titre de conseillère au Bureau des étudiants internationaux de l'Université de Montréal, mais également à Danielle Charbonneau, à François Décary-Gilardeau, à Justine Héroux et à Stéphanie Poulin, qui travaillent chez Option consommateurs. Merci aussi à Yvette Cogne, du Bureau International – Europe de HEC Montréal, pour sa contribution.

Finalement, je voudrais remercier Benoit Van de Walle et Farah Fouron, de Montréal en statistiques, ainsi que Sylvain Dubois, de la Division de la géomatique de la Ville de Montréal, d'avoir réalisé la carte du prix moyen des loyers qui se trouve aux pages 4 et 5 du guide.

Jean-François Vinet

Guides de voyage Ulysse reconnaît l'aide financière du gouvernement du Canada par l'entremise du Programme d'aide au développement de l'industrie de l'édition (PADIÉ) pour ses activités d'édition.

Guides de voyage Ulysse tient également à remercier le gouvernement du Québec – Programme de crédit d'impôt pour l'édition de livres – Gestion SODEC.

Note aux lecteurs

Tous les moyens possibles ont été pris pour que les renseignements contenus dans ce guide soient exacts au moment de mettre sous presse. Toutefois, des erreurs peuvent toujours se glisser, des omissions sont toujours possibles, des adresses peuvent disparaître, etc.; la responsabilité de l'éditeur ou des auteurs ne pourrait s'engager en cas de perte ou de dommage qui serait causé par une erreur ou une omission.

Guides de voyage Ulysse est membre de l'Association nationale des éditeurs de livres.

Catalogage avant publication de Bibliothèque et Archives nationales du Québec et Bibliothèque et Archives Canada

Vinet, Jean-François, 1979-
Étudier à Montréal sans se ruiner
Comprend un index.
ISBN 978-2-89464-935-0 (version imprimée)
1. Étudiants - Québec (Province) - Montréal - Finances personnelles. 2. Budgets personnels. 3. Conseils pratiques, recettes, trucs, etc.
4. Rabais accordés aux étudiants - Québec (Province) - Montréal. I. Titre.
HG179.V56 2009 332.0240088'3718 C2009-940843-0

Bibliothèque et Archives nationales du Québec
Dépôt légal Deuxième trimestre 2010
ISBN 978-2-89464-902-2 (version imprimée)
ISBN 978-2-89665-000-2 (version numérique)
Imprimé au Canada

100%
Ce livre a été imprimé sur du papier 100% postconsommation traité sans chlore, accrédité Éco-Logo et fait à partir de biogaz.

ÉTUDIER À MONTRÉAL SANS SE RUINER

Jean-François Vinet

ULYSSE

PRIX MOYEN DES LOYERS DANS LES QUARTIERS DE MONTRÉAL

Côte-des-Neiges

Un quartier à la riche diversité culturelle qui vous fera bénéficier d'un choix incomparable de cafés Internet et de restos à bon prix.

Verdun

Cet arrondissement est réputé pour ses espaces verts, ses pistes cyclables et le dynamisme de sa vie communautaire.

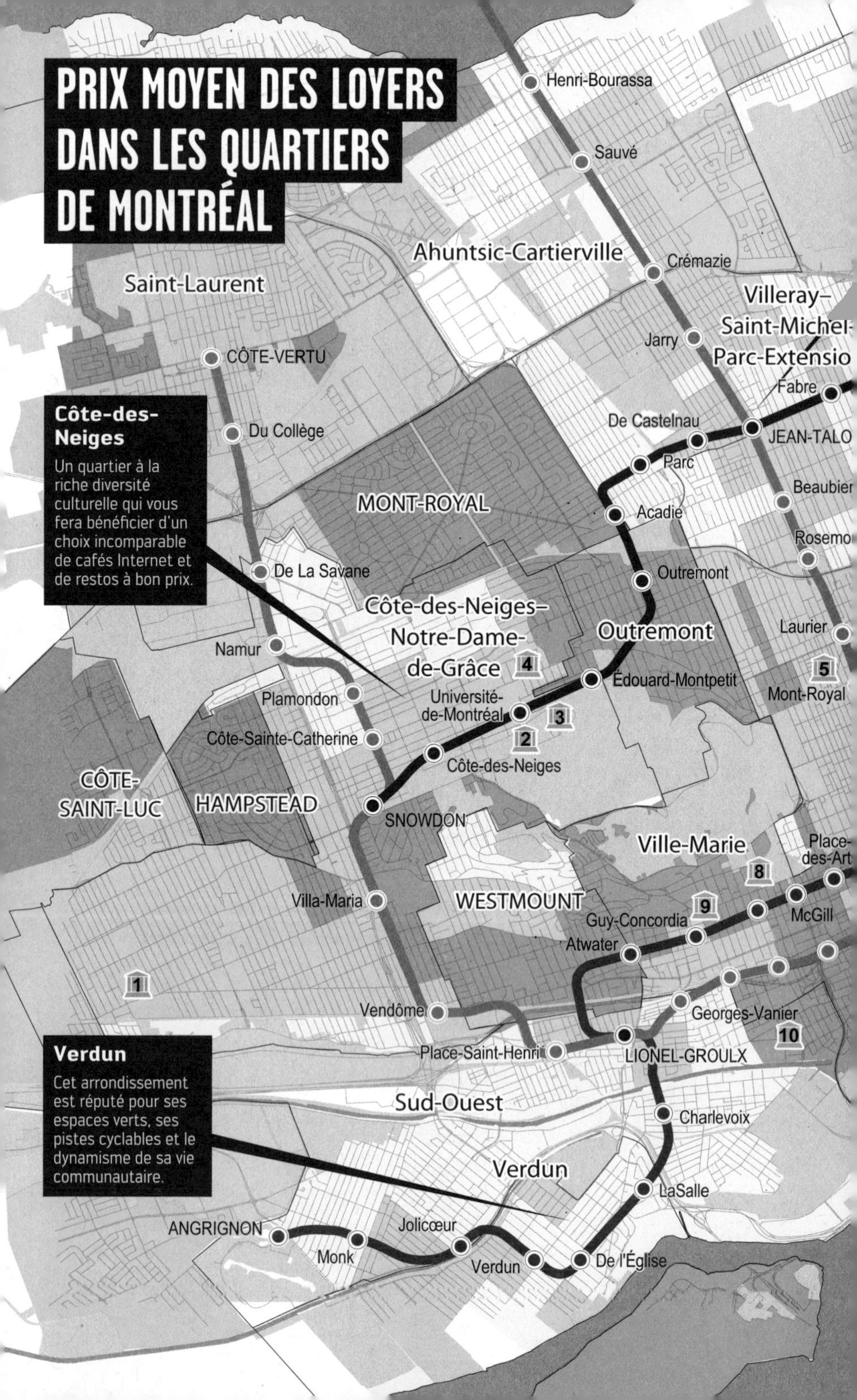

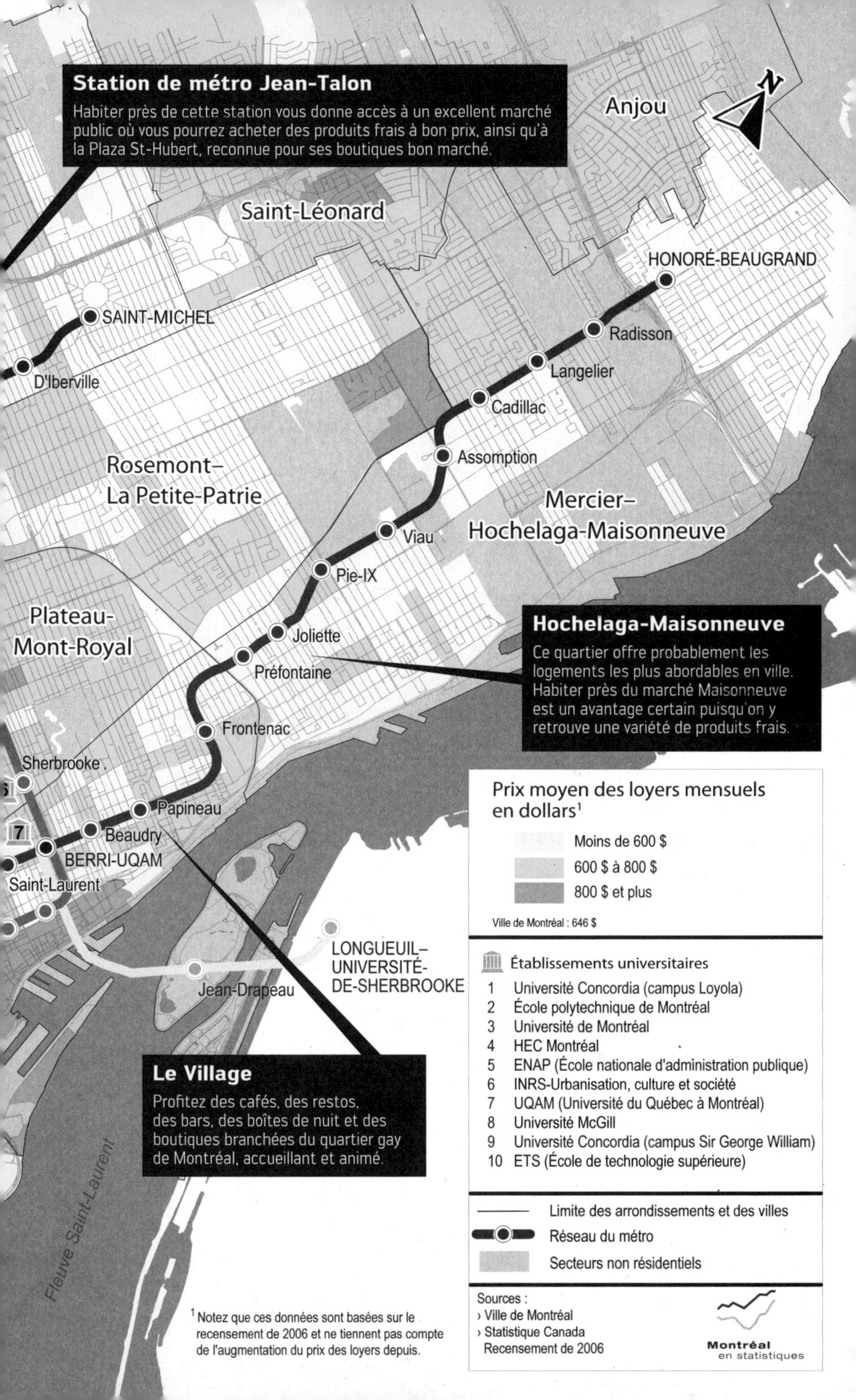
Station de métro Jean-Talon
Habiter près de cette station vous donne accès à un excellent marché public où vous pourrez acheter des produits frais à bon prix, ainsi qu'à la Plaza St-Hubert, reconnue pour ses boutiques bon marché.
Anjou
Saint-Léonard
HONORÉ-BEAUGRAND
SAINT-MICHEL
Radisson
D'Iberville
Langelier
Cadillac
Assomption
Rosemont–
La Petite-Patrie
Mercier–
Hochelaga-Maisonneuve
Viau
Pie-IX
Plateau-
Mont-Royal
Joliette
Préfontaine
Hochelaga-Maisonneuve
Ce quartier offre probablement les logements les plus abordables en ville. Habiter près du marché Maisonneuve est un avantage certain puisqu'on y retrouve une variété de produits frais.
Frontenac
Sherbrooke
Papineau
Beaudry
BERRI-UQAM
Saint-Laurent
LONGUEUIL–
UNIVERSITÉ-
DE-SHERBROOKE
Jean-Drapeau
Le Village
Profitez des cafés, des restos, des bars, des boîtes de nuit et des boutiques branchées du quartier gay de Montréal, accueillant et animé.
Fleuve Saint-Laurent
Prix moyen des loyers mensuels en dollars[1]
Moins de 600 $
600 $ à 800 $
800 $ et plus
Ville de Montréal : 646 $
Établissements universitaires
1 Université Concordia (campus Loyola)
2 École polytechnique de Montréal
3 Université de Montréal
4 HEC Montréal
5 ENAP (École nationale d'administration publique)
6 INRS-Urbanisation, culture et société
7 UQAM (Université du Québec à Montréal)
8 Université McGill
9 Université Concordia (campus Sir George William)
10 ETS (École de technologie supérieure)
Limite des arrondissements et des villes
Réseau du métro
Secteurs non résidentiels
[1] Notez que ces données sont basées sur le recensement de 2006 et ne tiennent pas compte de l'augmentation du prix des loyers depuis.
Sources :
› Ville de Montréal
› Statistique Canada
Recensement de 2006
Montréal
en statistiques

L'auteur

Analyste des services financiers dans une association de consommateurs, Jean-François Vinet détient un baccalauréat en administration des affaires et une maîtrise en sociologie. Passionné par les voyages et la finance, il a écrit ***Étudier à Montréal sans se ruiner*** pour aider les étudiants à vivre pleinement la période de leurs études dans la métropole québécoise tout en minimisant leur endettement.

SOMMAIRE

SOMMAIRE

TRUCS, ASTUCES ET BONNES ADRESSES... EN VRAC 105

INDEX 137

INTRODUCTION

Chaque année, des milliers d'étudiants emménagent à Montréal pour amorcer ou poursuivre leurs études. Tous font face à un défi semblable: s'adapter à un nouvel environnement et vivre avec un budget serré, tout en conservant une bonne qualité de vie. Ce guide très concret aborde précisément toutes les problématiques auxquelles sont confrontés les étudiants au quotidien. Et surtout, il donne des solutions!

Comment planifier l'aspect financier de ses études et faire un budget efficace? Quelles sont les astuces pour trouver un logement à bon prix? Comment gagner de l'argent tout en étudiant à temps plein? Quelles sont les bonnes ressources auxquelles se référer en toute confiance en cas de besoin? Mais aussi, comment économiser sur les frais d'alimentation, de téléphone, de transport? Où se meubler et se vêtir à bon prix? Quelles sont les bonnes adresses pour sortir entre amis sans se ruiner? Bref, comment vivre une vie étudiante riche sans y perdre sa chemise?

Que vous soyez un étudiant québécois ou étranger, que vous vous apprêtiez à démarrer, poursuivre ou reprendre vos études dans la métropole québécoise, ce guide répondra à toutes vos questions et vous fournira toutes les pistes pour maximiser le potentiel de votre portefeuille. Les trucs et les conseils qu'il contient vous accompagneront tout au long de vos études et bien au-delà!

BONNE RÉUSSITE!

Partagez vos trucs et vos bonnes adresses pour économiser et vivre pleinement la vie étudiante à Montréal !

Envoyez vos suggestions à *etudiermontreal@ulysse.ca*.

Découvrez les meilleures contributions sur *www.guidesulysse.com/Etudier-a-Montreal*

et sur notre page Facebook : *www.facebook.com/GuidesUlysse*.

1

LA QUESTION FINANCIÈRE

Connaître le coût des études à Montréal, faire un budget efficace et réaliste, trouver des moyens pour financer ses études et comprendre les conséquences de l'endettement, voilà ce que vous apprendrez dans ce chapitre. Et même si la question financière n'est pas l'aspect le plus sympa à examiner avant d'entreprendre ou de poursuivre des études universitaires, cette analyse est incontournable pour que votre réussite scolaire ne s'accompagne pas d'un fardeau financier encombrant une fois vos études terminées.

COÛT DES ÉTUDES UNIVERSITAIRES

Calculez qu'il faut au moins 14 000 $[1] par an pour étudier à Montréal à temps plein si vous ne résidez pas chez vos parents. Et pour respecter ce budget, vous devez habiter en colocation ou en résidence, cuisiner vos repas à la maison et utiliser les transports en commun. Il est donc conseillé de prévoir un montant supplémentaire (environ 1 000 $) pour vous acheter de nouveaux vêtements, aller au resto de temps à autre, faire des activités spéciales et prendre plus qu'une bière au pub le jeudi soir. De plus, si vous déménagez, comptez une somme additionnelle pour meubler et décorer votre logement, acheter un ordinateur, un vélo, etc.

Dans le tableau de la page suivante, nous avons ventilé les dépenses annuelles minimums d'un étudiant qui habite à Montréal. Premier constat : le logement absorbe 30 % du budget et coûte en moyenne 340 $/mois. Apparaissent ensuite les inévitables droits de scolarité (2 800 $/an), la nourriture (230 $/mois), le transport et les loisirs (166 $/mois), les services (110 $/mois) et le matériel scolaire (1 000 $/an). Certes, avec les bons tuyaux de ce bouquin, vous économiserez dans votre quotidien. Par contre, au bout du compte, pour dépenser moins de 14 000 $ par an en étudiant à Montréal, vous devrez faire preuve d'une discipline quasi religieuse.

▶ *Étudiants étrangers.* *En vertu d'une entente France-Québec, les étudiants ayant la nationalité française paient les mêmes droits de scolarité que les étudiants québécois. Par contre, les étudiants étrangers n'ayant pas la nationalité française doivent payer des droits de scolarité annuels qui varient de 12 000 $ à 18 000 $, selon l'université, si leur gouvernement n'a pas signé d'entente de coopération avec le Québec. La liste des pays ayant signé une entente de coopération est disponible sur le site du ministère de l'Éducation, du Loisir et du Sport du Québec au* **www.mels.gouv.qc.ca**. *Pour connaître les démarches à suivre et les autorisations à obtenir pour étudier au Québec, contactez le Bureau des études à l'international de votre université ou consultez le site d'Immigration-Québec au* **www.immigration-quebec.gouv.qc.ca** *et le site de la Conférence des recteurs et des principaux des universités du Québec (CREPUQ) au* **www.universitesquebecoises.ca**.

1 Tous les montants indiqués dans ce guide ont pour référence l'année 2010.

Budget minimum pour étudier à Montréal

Dépenses	Budget annuel
Logement et assurances (12 mois)	4 100 $
Droits de scolarité et frais afférents *(étudiants étrangers, voir la bulle à la page précédente)*	2 800 $
Nourriture et soins corporels	2 800 $
Transport et loisirs	2 000 $
Services (téléphone, électricité, Internet, etc.)	1 300 $
Livres et fournitures scolaires	1 000 $
Total	14 000 $

▶ ***Attention !*** ***Certaines formations exigent l'achat de matériel coûteux. Que l'on pense aux études en arts visuels, en musique, en photographie, en administration, en ingénierie, en droit, etc. Pour faire des économies, achetez de seconde main vos manuels scolaires et votre équipement (voir chapitres 3 et 5).***

SE FAIRE UN BUDGET

Lorsqu'on débute ou que l'on retourne aux études, il n'est pas toujours évident de prendre les bonnes décisions financières. De nombreuses factures s'empilent sur la table de cuisine (épicerie, loyer, droits de scolarité, titres de transport, livres, vêtements, meubles, téléphone, électricité, Internet, etc.), et l'on perd parfois le recul nécessaire pour se dire : Stop, je n'ai pas les moyens d'aller au restaurant cette semaine ou Stop, je n'ai pas l'argent pour me payer un forfait pour mon téléphone portable cette année. Le meilleur moyen pour éviter les mauvaises surprises est de se faire un budget.

La grille budgétaire

Indispensable à tous les étudiants, la grille budgétaire compile vos ressources financières et vos dépenses. Elle indique, juste à côté de la case *Total*, si vous avez un budget équilibré ou non. En règle générale, les étudiants qui se font un budget terminent leurs études moins endettés que les autres parce qu'ils sont conscients de leur capacité financière.

Pour faire votre budget, identifiez les ressources financières que vous comptez obtenir pour payer votre prochaine année universitaire. Inscrivez les montants dans la grille ci-dessous.

Grille des ressources financières	**Total de l'année**
Mes économies	
Aide familiale	
Bourses d'études	
Programme de prêts et bourses	
Revenus d'un emploi à temps partiel	
Revenus d'un emploi d'été	
Total	

Ensuite, pour chacun des postes budgétaires suivants, inscrivez les montants que vous prévoyez dépenser.

Grille des dépenses	**Total par mois**	**Total de l'année**	**Coût**
Habitation			
Logement			320 $ à 600 $/mois
Électricité			35 $ à 55 $/mois
Chauffage (novembre à mars)			80 $ à 150 $/mois
Téléphone fixe			20 $ à 30 $/mois
Téléphone portable			25 $ à 70 $/mois
Internet			20 $ à 50 $/mois
Télévision payante (chaînes spécialisées)			25 $ à 50 $/mois
Assurance habitation incluant la responsabilité civile			30 $ à 50 $/mois

Grille des dépenses *(suite)*	**Total par mois**	**Total de l'année**	**Coût**
Frais d'études			
Droits de scolarité et frais afférents			2 800 $/an
Livres et matériel scolaire			1 000 $/an
Équipements (ordinateur, instruments de musique, appareil photo, etc.)			Selon vos besoins
Transport			
Titre mensuel de transport en commun			37 $ à 69 $/mois
Vélo (prix d'achat, cadenas, entretien et réparations)			150 $ et +/an
Voiture (essence, assurances, immatriculation, entretien et réparations, pneus, stationnement, contraventions, etc.)			4 000 $ et +/an
Autres			
Épicerie			200 $ à 300 $/mois
Pharmacie (soins corporels, produits de nettoyage, produits de beauté, médicaments)			20 $ à 40 $/mois
Vêtements			Selon revenus, besoins et désirs
Autres dépenses (loisirs, alcool, tabac, sports, cadeaux, voyages...)			Selon revenus, besoins et désirs
Total			

Une fois les deux grilles remplies, soustrayez le total de vos dépenses du total de vos revenus.

Total de vos ressources financières	
Total de vos dépenses	
Solde	

Si vous obtenez un résultat négatif, envisagez immédiatement des solutions pour augmenter vos revenus et diminuer vos dépenses.

Voici quelques conseils pour réduire vos dépenses:

- **Déménagez dans un logement moins cher ou habitez en colocation.** Un logement abordable, propre et bien isolé, est le meilleur ami du portefeuille « étudiant ». Donc, avant de signer un bail, prenez le temps d'en visiter plusieurs.
- **Vendez votre voiture.** Elle vous coûte au moins 4 000 $ par an, et des moyens de transport plus économiques et écologiques sont disponibles (transport en commun, vélo, taxi, autocar, covoiturage, service de partage de véhicules, etc.).
- **Planifiez vos repas de la semaine en fonction des rabais offerts par votre épicier.** On peut se nourrir pour pas trop cher si l'on achète ses aliments en promotion et que l'on cuisine à la maison.
- **Remplacez votre téléphone portable par un téléphone fixe avec un répondeur externe.** Oui, même s'il peut être difficile de vous en départir, utiliser un téléphone portable coûte relativement cher au Canada. De plus, l'abonnement au téléphone fixe offre un temps d'appel illimité, et les frais d'appels interurbains ou internationaux sont raisonnables.
- **Avez-vous vraiment besoin d'un abonnement à la télévision payante ?** Les amateurs de films et de documentaires peuvent s'approvisionner gratuitement à la vidéothèque de leur université ou à celle de la Grande Bibliothèque (*www.banq.qc.ca*).

Voici quelques conseils pour augmenter vos revenus:

- **Trouvez un emploi près de votre logement, du campus ou, encore mieux, directement sur le campus.** De cette façon, vous ne perdrez pas de temps en transport et pourrez travailler davantage.
- **Choisissez un emploi qui ne vous incite pas à dépenser une partie de votre salaire.** Par exemple, travailler dans une boutique de vêtements vous encourage à acheter des vêtements à la mode que vous n'achèteriez pas autrement.
- **Postulez pour les bourses d'admission offertes par votre université.** Pensez-y tôt, car certains formulaires doivent être remplis avant la fin de vos études préuniversitaires.

- **Réévaluez avec vos parents le soutien financier qu'ils comptent vous accorder.** Cette aide est cruciale pour éviter que vos fins de mois soient synonymes de stress et d'endettement, ce qui nuira à votre rendement scolaire.

Devenez inspecteur financier pendant un mois !

Votre argent vous file entre les doigts ? Vous êtes toujours cassé ? Sortez calepin et stylo et devenez inspecteur financier ! **Votre mission:** pendant un mois, notez les dépenses que vous faites sans l'aide de votre carte de crédit et de débit. Inscrivez chaque dollar qui disparaît dans le ventre des machines distributrices, dans la caisse enregistreuse du marché du coin et dans les poches de la serveuse du bar de l'université. Comptabilisez tout et n'oubliez rien.

À la fin du mois, **analysez vos sorties de fonds.** Quelles sont vos petites dépenses de tous les jours ? Quelle somme avez-vous dépensée en café, à la cafétéria, au resto, etc. ? Examinez également vos relevés de cartes de crédit et de débit. Combien avez-vous dépensé en épicerie, en vêtements, en chaussures, à la discothèque, etc. ? Bref, identifiez l'endroit par où fuit votre argent.

Ensuite, pour chacune de vos dépenses, demandez-vous comment il serait possible de modifier vos habitudes de consommation pour économiser tout en maintenant une qualité de vie satisfaisante à vos yeux. En effet, le but de l'exercice n'est pas de vous transformer en ascète, mais plutôt de prendre conscience qu'il est possible d'économiser en faisant des gestes simples. Par exemple, si, pour vous, porter des vêtements à la mode est une priorité, peut-être serait-il plus facile de couper dans d'autres dépenses comme les repas au restaurant ? Peut-être pourriez-vous chercher davantage les aubaines lorsque vous magasinez ?

Des astuces

- Remplacez vos repas à la cafétéria (10 $) par des lunchs (3 $).
- Apportez votre café dans un thermos (25 ¢) au lieu de l'acheter à l'école (1,50 $).
- Invitez vos amis à la maison (1 $/bière ou boisson) plutôt que d'aller au bar (6 $/bière).
- Faites des activités gratuites au lieu de dépenser. Les campus regorgent d'activités qui ne coûtent pas un sou.

COMMENT FINANCER VOS ÉTUDES ?

Financer ses études universitaires est un défi de taille. Il n'est pas facile de trouver 14 000 $ par an alors que l'on étudie à temps plein. Bien sûr, vos parents vous aideront, et tout le monde connaît le Programme de prêts et bourses du gouvernement du Québec. Par contre, si l'aide financière des parents s'avère insuffisante, comment leur en parler ? Quelles sont les catégories de bourses offertes aux étudiants et comment maximiser ses chances d'en obtenir une ? Comment choisir un emploi à temps partiel pour maximiser ses revenus ? Où travailler l'été à Montréal ? Voilà des questions auxquelles vous trouverez réponse dans les pages suivantes.

Si vous avez besoin d'aide pour trouver des solutions au financement de vos études ou pour équilibrer votre budget, contactez rapidement le Bureau de l'aide financière de votre université ou une association de consommateurs (voir p. 37).

L'aide financière des parents

Discuter d'argent avec ses parents est tabou. Pour cette raison, il est tentant d'éviter d'aborder avec eux la question du financement de vos études. Plus difficile encore est de leur demander de réévaluer le montant qu'ils vous versent périodiquement. Or, au besoin, cette conversation épineuse doit avoir lieu, car la contribution financière de vos parents est non seulement obligatoire en vertu de la loi, mais elle est d'une importance capitale pour vous mettre à l'abri d'un stress financier qui peut nuire à votre réussite.

Mise en garde: nous avons tous tendance à sous-estimer le coût des études universitaires, et vos parents ne font pas exception à cette règle. Au moment de discuter de la question du financement de vos études, présentez-leur le budget que vous avez préparé. Chiffres en main, vous prendrez, ensemble, de meilleures décisions.

► ***Saviez-vous** qu'en vertu du Code civil du Québec, les parents doivent contribuer au financement des études de leur enfant ? Ils ont le devoir de nourrir, d'entretenir et d'éduquer leur enfant, et ce, même si celui-ci a plus de 18 ans.*

Si vous sentez que le dialogue avec vos parents peut être laborieux, voici deux conseils. D'abord, attendez un moment propice. Si vos parents apprennent que la toiture de la maison est à changer, peut-être serait-il plus stratégique d'attendre quelques jours avant d'en discuter ? Ensuite, avant de les rencontrer, examinez ou réexaminez votre propre contribution financière. Par exemple, travaillez-vous à temps partiel pendant vos sessions universitaires ?

Si oui, combien d'heures par semaine (de 10 à 15 heures tout au plus pour ne pas nuire à votre rendement scolaire) ? Quelle somme pouvez-vous amasser en travaillant pendant l'été ? Vos parents seront plus enclins à vous aider davantage s'ils sentent que vous y mettez du vôtre.

> ***« En plus de payer mes droits de scolarité, mes parents me donnent toujours de la nourriture. Les fruits, les légumes et les plats préparés que je rapporte de la maison diminuent ma facture d'épicerie de la semaine. »***
>
> ***Karine***

Lors de cette conversation, il est important d'avoir un engagement précis de leur part de manière à pouvoir compléter ou boucler votre budget. Certes, vos parents n'ont pas à signer un contrat de 15 pages, mais ils doivent être conscients que leur implication financière s'insère dans la réussite de vos études. Un étudiant toujours cassé peut difficilement avoir de bons résultats.

Les concours de bourses : maximiser ses chances de réussite

Les bourses d'études sont vraiment difficiles à obtenir, mais en décrocher une vous permet de vous concentrer davantage sur vos études plutôt que de travailler pour gagner de l'argent. Mais ce n'est pas le seul avantage ni, d'un autre point de vue, le plus important. En effet, décrocher une bourse d'études donne du lustre à votre réussite académique. La preuve : les employeurs et les professeurs des cycles supérieurs donnent une attention particulière aux étudiants boursiers.

Par contre, l'obtention d'une bourse ne va pas sans difficulté. Les formulaires sont parfois fastidieux à remplir, et les efforts déployés ne sont pas toujours récompensés. Devant un refus, retenez le principe suivant : c'est en forgeant qu'on devient forgeron et c'est en retravaillant votre dossier que vous deviendrez boursier.[2] Pour maximiser vos chances de réussite, il faut donc faire preuve de persévérance et déposer un dossier de candidature impeccable.

Où sont affichés les concours ? Plusieurs concours pour l'obtention de bourses sont affichés dans le répertoire général du site Internet de votre université. Vérifiez aussi le babillard de votre département, dans les chaires de recherche et les associations étudiantes.

En plus de ces bourses dites « internes », une panoplie de fondations privées, d'organismes communautaires, d'associations professionnelles, de grandes entreprises et d'organisations internationales organisent des concours indépendants des universités. Le site Internet *www.boursetudes.com* pourra vous aider à en répertorier plusieurs.

Quand doit-on postuler ? La plupart des concours sont affichés à l'automne, dès le début des cours. Par contre, les formulaires pour les bourses d'admission et les bourses d'excellence doivent être remplis plusieurs mois avant le début de votre premier trimestre universitaire ou de vos études aux cycles supérieurs.

2 Pour cette section, nous nous sommes inspirés, tant dans sa forme que dans son contenu, du document intitulé *La course aux bourses : comment survivre au blues du formulaire ?*, réalisé par le département de philosophie de l'UQAM.

Les catégories de concours de bourses

Il existe presque autant de catégories de bourses qu'il y a de profils d'étudiants. Par exemple, s'impliquer dans une association étudiante, faire du sport, de la politique, du bénévolat, obtenir d'excellents résultats scolaires, développer une entreprise, entreprendre des études à l'étranger, avoir besoin d'un soutien financier pour terminer ses études, éprouver des difficultés financières temporaires, etc., sont des réalisations ou des circonstances qui peuvent vous permettre de mettre la main sur une bourse. À vous de cerner les concours que vous êtes le plus susceptible de remporter.

Voici une courte liste de catégories des bourses d'études qui méritent d'être connues avant d'entreprendre vos études de premier cycle ou aux cycles supérieurs ou avant de faire un échange interuniversitaire à l'étranger.

Les bourses d'admission ou bourses d'entrée. Ces bourses s'adressent aux étudiants qui commencent leur première année d'université. Elles sont offertes par votre université d'accueil et récompensent l'excellence des résultats scolaires dans vos études préuniversitaires ou vos réalisations dans un organisme communautaire, une association étudiante, les sports, l'art, la politique, la culture ou dans le développement d'une entreprise. Le montant de ces bourses peut atteindre 2 000 $.

Le Programme de prêts et bourses du gouvernement du Québec. Pour favoriser l'accès aux études universitaires, le gouvernement du Québec, par le biais du Programme de prêts et bourses, octroie des prêts et, selon plusieurs critères, parfois des bourses. Pour vérifier rapidement l'aide que le gouvernement peut vous accorder, utilisez le simulateur de calcul disponible au *www.afe.gouv.qc.ca*.

Les bourses de mobilité. Les bourses de mobilité soutiennent les étudiants qui souhaitent vivre une expérience d'études à l'étranger. Voici une liste d'organismes et d'institutions qui pourrait vous aider à financer votre séjour. Les étudiants étrangers peuvent aussi y trouver du financement pour étudier à Montréal.

- Le ministère de l'Éducation, du Loisir et du Sport du Québec (*www.mels.gouv.qc.ca*);
- Le gouvernement canadien (*www.bourses.gc.ca*);
- Les ambassades ou les consulats du Canada à l'étranger (*www.international.gc.ca*);
- Le ministère des Affaires étrangères et du Commerce international du Canada (*www.international.gc.ca*);
- L'Agence canadienne de développement international (*www.acdi-cida.gc.ca* et *www.boursesfrancophonie.ca*);
- Votre université d'accueil;
- La fondation des Offices jeunesse internationaux du Québec (*www.lojiq.org*);
- L'Agence universitaire de la Francophonie (*www.auf.org*);
- L'organisme Rotary International (*www.rotary.org*);
- L'Organisation internationale des Nations unies (*www.un.org*);
- La Délégation générale du Québec (*www.gouv.qc.ca/portail/quebec/international/france*);
- Le Bureau canadien de l'éducation internationale (*www.cbie.ca*);
- Le Centre de recherches pour le développement international (*www.idrc.ca*).

Les bourses d'excellence. Les bourses d'excellence s'adressent principalement aux étudiants qui désirent faire avancer la recherche scientifique en poursuivant leurs études aux cycles supérieurs. Ces bourses sont octroyées à ceux et celles qui ont obtenu des résultats académiques supérieurs à la moyenne et qui se démarquent par leur cheminement académique ou professionnel. Comme les montants d'aide offerts par l'entremise de ces organismes sont substantiels (de 5 000 $ à 55 000 $ par an), la sélection des candidats est très sévère. En effet, l'obtention de l'une de ces bourses passe par la rédaction d'un dossier de candidature exhaustif qui prend plusieurs jours de travail.

Voici une liste d'importants programmes boursiers:

- Le Fonds de recherche sur la société et la culture (FQRSC);
- Le Conseil de recherches en sciences humaines (CRSH);
- Le Fonds québécois de la recherche sur la nature et les technologies (FQRNT);
- Le Conseil de recherches en sciences naturelles et en génie du Canada (CRSNG);
- Le Conseil des arts du Canada (CAC).

À noter: certains organismes offrent des bourses aux étudiants de premier cycle. Aussi, si vous êtes hors du circuit universitaire depuis quelques années, certains organismes proposent des bourses de réintégration à la recherche.

Conseils pour rédiger une demande de bourse

Pour vous juger, les évaluateurs n'ont que quelques feuilles de papier entre les mains. Voici comment faire en sorte que votre demande de bourse puisse les convaincre que vous êtes le meilleur candidat.

Prévoyez du temps. Selon le montant de la bourse, remplir une demande peut vous prendre plusieurs jours. Pour faire un bon travail, faites-vous un échéancier précis.

Soyez perfectionniste. La compétition est féroce, et votre demande doit être impeccable pour être retenue. Lorsque vous remplissez des formulaires, des lettres d'intention ou que vous rédigez votre CV, évitez les répétitions et l'information non pertinente. Pour corriger ces erreurs, relisez-vous à voix haute. Aussi, faites réviser vos documents par vos pairs avant de les remettre.

Évitez les fautes. Les fautes discréditent la qualité de votre candidature. Évitez particulièrement celles:

- de grammaire et de ponctuation. Pour vous aider, procurez-vous un logiciel de correction. Il vous servira tout au long de vos études;
- de sémantique. Vérifiez le sens des mots dans le dictionnaire avant de les utiliser;
- de typographie. Veillez à l'uniformité des majuscules et des espacements;
- de style. Soyez clair, éliminez les phrases inutiles et évitez le vocabulaire technique si vous ne le maîtrisez pas;
- de forme. Aérez votre texte et changez de paragraphe entre vos idées. Vous donnerez ainsi le goût au lecteur de lire votre formulaire en entier.

Tenez à jour votre CV académique. Plusieurs concours de bourses demandent un CV académique. Ce dernier doit contenir :

- votre formation (lieu, durée, nom complet du programme ou de la spécialisation, champs d'intérêt, etc.) ;
- vos expériences de travail en milieu académique (correction, surveillance d'examen, assistanat de recherche, etc.) ;
- vos expériences et réalisations pertinentes en dehors du cadre universitaire (stages ou expériences de travail à l'étranger, maîtrise d'une langue étrangère, réalisations en sport ou en art, etc.) ;
- vos publications et communications scientifiques. Vous participez au journal étudiant ? Vous écrivez dans la revue scientifique pour jeunes chercheurs de votre département ? Mentionnez-le ! ;
- vos implications sociales (associations étudiantes, communautaires, etc.) ;
- les prix et les distinctions obtenus (bourses, concours de textes, etc.).

Obtenez de bonnes lettres de recommandation. Les professeurs écrivent régulièrement des lettres de recommandation car cela fait partie de leur tâche. Par contre, rien ne les oblige à vous appuyer aveuglément ni à vous écrire une lettre à la dernière minute. Pour obtenir une bonne lettre de recommandation, voici quelques trucs :

- fournissez à votre répondant (professeur, directeur de programme, chargé de cours, etc.) les informations liées au concours : le nom de l'organisme qui offre la bourse, la date limite, la description du projet, etc. ;
- faites-lui une copie de votre CV académique et de vos relevés de notes ;
- donnez-lui la chance de se désister. Vous n'avez pas besoin d'une mauvaise lettre de recommandation ;
- laissez-lui un temps raisonnable pour rédiger cette lettre.

Évaluez vos chances de réussite. Les personnes les mieux placées pour évaluer vos chances de réussite sont celles qui vous ont enseigné et vos collègues qui sont passés par le même processus. Montrez-leur votre dossier et demandez-leur d'évaluer votre candidature. Ces personnes pourraient également vous aider à peaufiner votre profil ou à vous orienter vers d'autres concours de bourses plus accessibles pour l'instant.

Si vous songez à étudier aux cycles supérieurs, vous aurez à contacter un membre du corps professoral pour qu'il assume la direction de vos recherches. Discutez avec lui quant à vos chances d'obtenir une bourse dans votre domaine de recherche. Du même coup, pourquoi ne pas lui offrir vos services à titre d'assistant de recherche ?

Les emplois « étudiants »

Travailler pendant l'été, presque tous les étudiants y sont contraints. C'est d'ailleurs un excellent moyen pour se payer de petits extras (ou financer un voyage) et acquérir de l'expérience sur le marché du travail. Par contre, on se passerait bien de travailler pendant l'année scolaire. Pourtant, 4 étudiants sur 10 le font, et ce, près de 15 heures par semaine. Cette situation, qui s'explique en partie par l'augmentation du prix des logements et des droits de scolarité, n'est pas sans risque : plus vous travaillez, moins vous avez de temps à consacrer à vos études.

▶ **Saviez-vous que** *votre employeur doit vous fournir gratuitement les vêtements qui portent le nom ou le logo de l'entreprise ? Pour en connaître plus sur vos droits à titre de travailleur, consultez le site* **www.educaloi.qc.ca.**

Un conseil : pour éviter que votre emploi nuise à vos résultats scolaires, **choisissez-en un qui offre des horaires flexibles et qui est situé près de l'université.** De cette façon, vous éviterez de travailler la veille d'un examen et perdrez moins de temps en transport. On n'y pense pas toujours, mais occuper un boulot directement sur le campus est une solution intéressante. D'ailleurs, les **étudiants étrangers** peuvent, en respectant certaines conditions, travailler dans leur établissement d'enseignement (voir l'encadré ci-dessous).

Étudiants étrangers : conditions pour travailler

Bonne nouvelle ! Les étudiants étrangers sont autorisés à travailler ou à faire un stage pendant leurs études. Certains pourront même travailler au Canada après leurs études. Cependant, il y a des restrictions. Pour éviter les mauvaises surprises, prenez-en connaissance avant votre départ. Puis, dès votre arrivée, inscrivez-vous à l'une des séances d'information offertes par le Bureau des étudiants internationaux de votre université afin de connaître la marche à suivre pour travailler au Canada.

Renseignements importants. Pendant vos études, pour travailler hors du campus ou faire un stage crédité (rémunéré ou non, à temps plein ou à temps partiel), vous devez, en plus du permis d'études, avoir un **permis de travail** (voir le site de Citoyenneté et Immigration Canada au *www.cic.gc.ca*) et un **numéro d'assurance sociale** (*www.servicecanada.gc.ca/fra/sc/nas*). Le site Internet de votre université pourrait aussi vous aider à en connaître davantage sur les critères d'obtention du permis de travail et du numéro d'assurance sociale.

Travailler sur le campus

Vous pouvez travailler, sans permis de travail, sur le campus de l'établissement où vous étudiez si vous :

- étudiez à temps plein ;
- possédez un permis d'études valide ;
- possédez un numéro d'assurance sociale.

Si vous remplissez ces trois conditions, vous êtes autorisé à travailler jusqu'à 20 heures par semaine pendant l'année scolaire et à temps plein durant les périodes de vacances scolaires

Les emplois classiques des étudiants

Le commerce de détail. Magasins de livres, de disques et de vêtements, clubs vidéo, pharmacies, dépanneurs, épiceries, marchés publics, quincailleries, cinémas, hôtels, agences de voyages, agences promotionnelles, etc.

- **Les +:** il y a presque toujours des postes à combler.
- **Les –:** les salaires sont généralement faibles.

Secteur de la restauration (incluant les cafés et les bars). Serveur, *busboy* (commis débarrasseur), placier, plongeur, cuisinier, portier, etc.

- **Les +:** les pourboires.
- **Les –:** horaires de soir et de nuit, ce qui peut nuire à vos résultats scolaires.

Sur le campus. Téléphoniste, préposé au vestiaire, aide-cuisinier à la cafétéria, correcteur ou surveillant d'examens, préposé au centre sportif, sauveteur, assistant de recherche, etc.

- **Les +:** les horaires de travail adaptés aux étudiants.
- **Les –:** les heures sont attribuées au compte-gouttes.

(comme les vacances d'hiver et d'été et la semaine de relâche au printemps). **À noter :** le nombre de postes à combler dans les universités est très limité. Pour maximiser vos chances de vous faire embaucher sur le campus, postulez pour le Programme études-travail pour étudiants étrangers (voir p. 31).

Travailler hors campus

Pour travailler hors du campus, vous devez :

- détenir un permis d'études valide ;
- avoir complété au moins 6 mois d'études à temps plein dans un établissement d'enseignement canadien au cours des 12 derniers mois ;
- satisfaire aux exigences de votre établissement (avoir obtenu des résultats scolaires satisfaisants, entre autres).

Si vous remplissez ces conditions, votre permis de travail vous autorisera à travailler jusqu'à 20 heures par semaine pendant l'année scolaire et à plein temps pendant les vacances scolaires.

Travailler après vos études

Pour travailler après vos études, vous devez vous procurer un permis de travail post-diplôme. La durée de ce permis est égale ou, dans certains cas, inférieure à la durée de vos études. Visitez le site de Citoyenneté et Immigration Canada pour obtenir plus d'information.

Où trouver un emploi à Montréal ?

Il est relativement facile d'obtenir un emploi au salaire minimum (9,50 $ l'heure ; 8,25 $ l'heure pour les salariés à pourboires) dans la métropole, car les entreprises de commerce au détail et les restaurateurs sont continuellement à la recherche de travailleurs.

Par contre, pour les meilleurs emplois, il faut être patient et vérifier infatigablement les postes qui se libèrent à l'université, dans les entreprises privées et dans les institutions publiques. Pour faciliter votre recherche d'emploi à Montréal, voici quelques trucs et de bonnes adresses.

▶ ***Le réseau de contacts.*** ***Ce n'est plus un secret pour personne, la plupart des postes vacants ne sont pas publicisés. Pour les obtenir, il faut mobiliser son réseau de contacts. En ce sens, informez votre famille, vos amis et, pourquoi pas, vos connaissances sur Internet, pour leur faire savoir que vous êtes disponible à travailler. D'ailleurs, s'impliquer dans une association universitaire peut vous aider à vous créer un réseau de contacts.***

Emplois à l'université

Généralement, les **étudiants de premier cycle** travaillent à titre de téléphoniste, de préposé au vestiaire, de vendeur à la boutique d'informatique, d'aide-cuisinier à la cafétéria, de serveur, de préposé au centre sportif, de sauveteur, etc. Certains d'entre eux peuvent (parfois) trouver du travail à titre d'assistant de recherche. Les salaires oscillent autour de 10 $ l'heure, mais le nombre d'heures offert par semaine est limité.

Pour connaître les postes disponibles, renseignez-vous, dès la rentrée scolaire, auprès du personnel du Service de placement de votre établissement d'enseignement, du secrétariat de votre département, des professeurs-chercheurs responsables d'une chaire de recherche ou des responsables du recrutement des boutiques, des restaurants, de la bibliothèque et du centre sportif du campus.

Notez que plusieurs **postes occasionnels** sont créés en cours d'année pour répondre aux besoins ponctuels des organisations (pour la préparation d'un congrès, par exemple). Pour mettre la main sur ces postes, suivez les événements organisés sur le campus et contactez les responsables.

Les **étudiants des cycles supérieurs** peuvent faire de l'aide aux devoirs, travailler à titre de correcteur de travaux et d'examens ou encore comme surveillant d'examens. D'habitude, ces postes sont affichés sur le babillard de votre département. Aussi, plusieurs postes d'assistants de recherche sont disponibles durant l'année scolaire et pendant l'été. Pour obtenir un de ces postes, l'idéal est de discuter avec vos professeurs (avec qui vous avez des intérêts communs) ou avec les professeurs-chercheurs qui travaillent dans une des chaires de recherche de votre département.

Astuce : le Programme études-travail

Si vous étudiez à temps plein et que vous éprouvez des difficultés financières, le Programme études-travail pourrait vous aider à trouver un emploi à temps partiel sur le campus. En vertu de ce programme, votre professeur ou l'unité administrative de votre établissement d'enseignement qui vous embauche obtient une subvention qui défraie 50 % de votre salaire (jusqu'à 100 % pour les étudiants étrangers avec frais majorés). Évidemment, les personnes admises au programme se trouvent plus facilement du boulot puisque leur employeur ne paie qu'une partie de leur salaire. Le programme est financé conjointement par les établissements d'enseignement et le ministère de l'Éducation, du Loisir et du Sport du Québec. Pour connaître tous les critères du programme, adressez-vous au Bureau de l'aide financière de votre université.

D'autres institutions publiques

La Ville de Montréal (*www.ville.montreal.qc.ca*), le gouvernement du Québec (*http://emploiquebec.net*) et le gouvernement fédéral (*http://jobs-emplois.gc.ca*) offrent parmi les meilleurs emplois en ville. Certes, il est parfois décourageant de passer à travers le processus administratif, mais au bout du compte, les conditions de travail et les salaires sont avantageux.

▶ ***Truc pour arrondir vos fins de mois : le travail occasionnel.*** *Les élections municipales, provinciales, fédérales, les galas, les festivals et les spectacles sont d'excellentes occasions pour faire de l'argent. Dès que vous entendez parler, dans les médias par exemple, qu'un événement se prépare, contactez les organisateurs pour savoir s'ils ont besoin de votre aide.*

Les entreprises privées

On peut toujours faire du porte-à-porte pour se trouver un emploi dans une entreprise privée, c'est d'ailleurs un excellent moyen de se démarquer des autres candidats. Si les commerces situés près de votre logement n'ont rien à vous offrir d'intéressant, voici d'autres moyens pour vous trouver du boulot.

Visitez les sites Internet de recherche d'emplois. Ces sites vous permettent de faire une recherche par secteur d'emploi (arts, mode, cinéma, commerce, marketing, services sociaux, vente, technologies, etc.). Les sites les plus connus sont *www.jobboom.com*, *www.monster.ca* et *www.workopolis.com*. Le site de *Jobboom* est particulièrement utile puisqu'une section est spécialement destinée aux étudiants. Vous y apprendrez notamment comment faire un CV accrocheur et réussir une entrevue.

Épluchez les journaux. Encore aujourd'hui, plusieurs entreprises utilisent uniquement les journaux pour diffuser leurs offres d'emploi. Surveillez particulièrement l'hebdomadaire de votre arrondissement et les quotidiens gratuits distribués dans le métro et les commerces.

Les emplois d'été

Lorsque le soleil brille, votre portefeuille doit se garnir, car les sommes accumulées pendant la saison estivale déterminent en grande partie votre qualité de vie pendant la prochaine année universitaire. Pour mettre la main sur un emploi d'été intéressant, préparez votre CV au mois de février et commencez votre recherche d'emploi dès le mois de mars. Pour vous aider à faire un CV du tonnerre, voir l'encadré à la page suivante.

▶ **Saviez-vous que** ***votre employeur ne peut déduire de votre paye les frais liés à l'exploitation de son commerce ? À titre d'exemple, si vous travaillez dans un restaurant et que vous cassez de la vaisselle, votre employeur ne peut exiger que vous le remboursiez.***

Conseil. Souvent les étudiants hésitent entre un emploi d'été très payant (être serveur dans un restaurant, par exemple) et un emploi moins bien rémunéré qui permet d'acquérir de l'expérience professionnelle. Si votre objectif est strictement de faire le plus d'argent possible pendant la saison estivale, rien ne vous empêche de faire un stage à temps partiel, ne serait-ce qu'une fois ou deux par mois, pour acquérir de l'expérience professionnelle. Cette combinaison travail-stage démontrera votre discipline sur le plan financier et votre maturité relative à l'atteinte de vos objectifs professionnels.

Quelques idées d'emplois d'été

Si vous manquez d'inspiration pour trouver un emploi d'été, voici quelques idées à considérer. Pour dénicher l'emploi de rêve, soyez persévérant et n'oubliez pas que les premiers arrivés sont souvent les premiers servis.

Emplois à la Ville de Montréal. Chaque été, la municipalité a besoin d'étudiants pour faire l'entretien des parcs, pour travailler à titre de préposés aux piscines, pour faire de l'animation auprès des jeunes, etc. À partir du mois de mars jusqu'à la fin avril, les offres d'emploi sont affichées sur son site Internet (*www.ville.montreal.qc.ca*) dans la page «Emploi étudiant». Les salaires avoisinent les 15 $ de l'heure. Visitez également le site Internet de votre arrondissement (*www.arrondissement.com*).

▶ **Attention !** ***Le harcèlement sexuel au travail est interdit par la loi. Si vous en êtes victime, alertez rapidement votre supérieur. Vous pouvez aussi déposer une plainte auprès de la Commission des droits de la personne et des droits de la jeunesse du Québec (www.cdpdj.qc.ca).***

Emplois dans la fonction publique du Québec. Le gouvernement du Québec offre des emplois d'été et des stages rémunérés spécifiquement pour les étudiants. Consultez le site d'Emploi-Québec au *http://placement.emploiquebec.net* pour en connaître davantage.

Emplois dans la fonction publique fédérale. Le gouvernement du Canada embauche de plus en plus d'étudiants en prévision du départ à la retraite de plusieurs de ses employés. Consultez la page « Je suis étudiant » au *http://jobs-emplois.gc.ca.*

> *« J'ai toujours aimé voyager. L'été dernier, j'ai appris qu'une entreprise européenne spécialisée dans l'exploitation de parc d'attractions (Disneyland Paris) recrutait des Québécois capables de parler l'anglais. J'ai obtenu le poste et j'ai travaillé tout l'été… en France ! »*
>
> *Rudy*

Faire un CV qui se démarque

Parmi les dizaines, voire les centaines de candidatures que reçoivent les entreprises pour chacun des postes qu'elles affichent, comment faire pour vous démarquer ? Voici les règles de base pour que votre curriculum vitae ne passe pas inaperçu.

- **Rédigez un document court.** Un CV de deux pages avec une lettre de motivation d'une page suffit amplement.
- **Utilisez un langage clair et concis.** Composez des phrases courtes sans faute d'orthographe ni de syntaxe.
- **Intégrez le vocabulaire de l'offre d'emploi à votre CV.** Par exemple, si l'on exige une expérience en communication, on doit retrouver exactement les mots « expérience en communication » dans votre CV.

Vous avez besoin d'aide ?

Consultez le Service de placement de votre université. Des séances d'information gratuites sont offertes.

Visitez les sites Internet de Jobboom (*www.jobboom.com*) et d'Emploi-Québec (*http://emploiquebec.net*) pour trouver de l'information utile.

Événements spéciaux. L'industrie du tourisme vous intéresse ? En postulant pour le Festival de jazz (*www.montrealjazzfest.com*), le Festival Juste pour rire (*www.hahaha.com*), les FrancoFolies (*www.francofolies.com*) ou la Société du Vieux-Port de Montréal (*www.vieuxportdemontreal.com*), vous participerez au rayonnement international de la Ville de Montréal.

Emplois à La Ronde. Ce fameux parc d'attractions (*www.laronde.com*) embauche chaque été des centaines d'étudiants. Comme plusieurs postes offerts sont syndiqués, vous bénéficiez de salaires compétitifs et de certains avantages sociaux.

Les marchés publics. Vendre des fruits et des légumes au soleil pendant l'été, ça vous dit ? La liste des marchés publics montréalais est disponible au *www.marchespublics-mtl.com*.

Travailler à l'étranger. Si vous désirez travailler à l'étranger pendant l'été ou faire un échange interuniversitaire pendant vos études, visitez le site des Affaires étrangères et du Commerce international du Canada au *www.voyage.gc.ca*. Vous y trouverez de nombreux conseils et renseignements pour organiser votre périple. Pour financer ce voyage, vous pourriez aussi mériter une bourse de mobilité (voir p. 25).

LE CRÉDIT ET L'ENDETTEMENT : AVEC MODÉRATION

Pour financer leurs études, les étudiants québécois ont recours à plusieurs types d'emprunt. D'abord, le gouvernement du Québec a mis en place un Programme de prêts et bourses qui vise à favoriser l'accessibilité aux études postsecondaires. Ensuite, les institutions financières (banques et caisses populaires) ont adapté leurs produits financiers pour séduire la clientèle étudiante. Cartes de crédit et marges de crédit étudiantes se multiplient sur le marché pour « répondre aux besoins des étudiants ». **Dans tous les cas, avant d'emprunter :**

- faites-vous un budget précis de manière à équilibrer vos revenus et vos dépenses ;
- trouvez des façons simples pour faire des économies ;
- réduisez votre consommation superflue ;
- informez-vous des avantages et des inconvénients des différents types d'emprunt pour faire le bon choix. L'élément capital à vérifier est le taux d'intérêt. Plus il est petit, moins le prêt coûte cher.

Étudiants étrangers

Généralement, faute d'avoir des antécédents de crédit, les étudiants étrangers ne peuvent pas emprunter d'argent dans une institution financière au Canada. D'ailleurs, pour obtenir votre certificat d'acceptation du Québec (CAQ) pour études, vous devrez démontrer que vous disposez des ressources financières suffisantes pour couvrir les droits de scolarité, les frais de transport (aller-retour depuis votre pays d'origine), d'installation pour la première année (500 $) et les frais de subsistance pour toute la durée de votre séjour.

▶ ***Attention !*** *Certains étudiants n'auront d'autre choix que d'utiliser l'aide financière du Programme de prêts et bourses pour financer leurs études. Si vous utilisez ce prêt sans excès, vous n'aurez probablement pas de problème à le rembourser après vos études. Par contre, si vous avez besoin, en plus de ce programme, d'autres sources de crédit (carte de crédit ou marge de crédit), vous devrez absolument modifier vos habitudes de consommation. N'oubliez pas que l'argent emprunté doit être remboursé... avec intérêt. Ne tombez pas dans le piège.*

Combien coûte un prêt ?

Selon le tableau suivant, un étudiant a contracté un prêt de 10 000 $ avec chacun des trois types d'emprunt (prêt étudiant, marge de crédit et carte de crédit). Après ses études, cet étudiant décide de rembourser ses trois prêts, sur une période de 10 ans, en versements mensuels égaux. Voici les charges qu'il devra assumer pour chacun de ces prêts.

Montant emprunté: 10 000 $ par type d'emprunt				
Le prêt est remboursé sur 10 ans en versements mensuels égaux				
Type d'emprunt	Taux d'intérêt annuel	Paiements mensuels	Montant total remboursé	Intérêts payés
Prêt étudiant	+ ou – 6 % moins les crédits d'impôt = 4 %	101 $	12 131 $	2 131 $
Marge de crédit	10 %	131 $	15 724 $	5 724 $
Carte de crédit	18 %	176 $	21 130 $	11 130 $

Avantages et inconvénients des différents types d'emprunt

Les prêts étudiants du gouvernement

Les +

- Permettent de financer vos études universitaires.
- Le prêt n'a pas à être remboursé pendant vos études.
- Les intérêts ne courent qu'une fois les études à temps plein terminées.
- En cas de difficulté à rembourser, le gouvernement prévoit certains allègements.
- Environ 30 % des intérêts payés annuellement sont remboursés en crédit d'impôt.

Les −

- Encouragent certains étudiants à prolonger inutilement leurs études.
- Après l'université, les étudiants très endettés se retrouvent avec des mensualités difficiles à rembourser.

Cartes de crédit

Les +

- Elles sont acceptées presque partout, même sur Internet.
- En payant entièrement le solde de la carte avant l'échéance, on ne paie pas d'intérêt.
- On peut bénéficier de programmes de fidélisation (points bonis, garanties prolongées gratuites, etc.).
- À l'exception des avances de fonds, vous ne payez aucuns frais de transaction.

Les −

- On dépense généralement plus en utilisant « le plastique » qu'en payant comptant.
- Les taux d'intérêt sont élevés : de 10 % à 28 %, et ils ne sont pas déductibles d'impôt.
- Certaines cartes ont des frais annuels.

Marges de crédit étudiantes

La marge de crédit est un compte qui vous permet d'emprunter de l'argent jusqu'à concurrence d'un montant préétabli avec votre institution financière. Souvent, les marges de crédit étudiantes permettent de ne rembourser, pendant vos études, que les intérêts du montant emprunté.

Les +

- Vous avez accès à 5 000 $ ou 10 000 $ immédiatement.
- Les taux d'intérêt sont plus avantageux que ceux jumelés aux cartes de crédit.
- Politique de remboursement souple.

Les –

- Encouragent les étudiants à s'endetter davantage.
- À la fin de leurs études, certains étudiants doivent rembourser leur prêt étudiant ET leur marge de crédit.
- Les intérêts ne sont pas déductibles d'impôt.

Les signes du surendettement

Pendant ses études universitaires, il peut arriver un moment où l'on doit se serrer la ceinture, et c'est normal. On peut perdre son emploi, ou encore avoir été victime d'un imprévu. Par contre, il est anormal de vivre continuellement avec des difficultés financières, une situation qui peut mener au surendettement, voire à l'abandon des études. Si vous vivez l'une des situations suivantes, vous devez agir rapidement pour corriger le tir.

- Vous payez vos comptes ou votre loyer en retard.
- Vous ne réglez que les paiements minimums sur votre ou vos cartes de crédit.
- Vous payez le solde de votre carte de crédit à l'aide d'une autre carte de crédit.
- Vous payez vos comptes à l'aide d'une carte de crédit.
- Vous travaillez à temps plein (ou presque) pendant vos trimestres d'études à temps plein.

Pour vous aider à trouver des **solutions**, les associations de consommateurs proposent un service de consultation budgétaire confidentiel et gratuit. La liste complète des associations de consommateurs est disponible au *www.consommateur.qc.ca*. Voici celles établies dans la métropole.

- **ACEF de l'Est de Montréal:** *www.consommateur.qc.ca/acefest*
- **ACEF du Nord de Montréal:** *www.acefdunorddemontreal.org*
- **ACEF du Sud-Ouest de Montréal:** *www.consommateur.qc.ca/acef-som*
- **Option consommateurs:** *www.option-consommateurs.org*

Le dossier de crédit pour les nuls

Un dossier de crédit est un document qui contient vos antécédents en matière de crédit. Il est créé lorsque vous empruntez de l'argent auprès d'une institution financière.

À quoi ça sert ?

Les institutions financières et certaines entreprises de services (compagnies de télécommunications, entre autres) se servent de votre dossier de crédit pour évaluer si vous êtes un bon payeur. Lorsqu'un dossier de crédit affiche des retards de paiement, son détenteur est considéré comme un consommateur risqué. En conséquence, on peut refuser de vous prêter de l'argent ou même de vous vendre un service. Aussi, plusieurs propriétaires vérifient le dossier de crédit d'un locataire avant de lui louer un logement.

Combien de temps sont conservés les renseignements sur votre personne ?

Généralement, ils sont conservés pour une période de six ans. Donc, mieux vaut payer ses factures à temps.

Comment puis-je consulter mon dossier ?

Les deux plus importantes agences d'évaluation de crédit sont Equifax (*www.equifax.com*) et TransUnion (*www.tuc.ca*). Vous pouvez recevoir gratuitement une copie de votre dossier de crédit par la poste.

Partagez vos trucs et vos bonnes adresses pour économiser et vivre pleinement la vie étudiante à Montréal !

Envoyez vos suggestions à *etudiermontreal@ulysse.ca*.

Découvrez les meilleures contributions sur *www.guidesulysse.com/Etudier-a-Montreal*

et sur notre page Facebook : *www.facebook.com/GuidesUlysse*.

2

SE LOGER

S'il y a une chose essentielle, c'est bien de se trouver un logement. Avant ses études, s'en trouver un à prix abordable est si important que nous avons dédié un chapitre entier à ce sujet. Vous y apprendrez notamment les stratégies de recherche à adopter pour trouver un logement rapidement, vos droits à titre de locataire et des façons d'épargner sur vos frais de chauffage. Mais avant de débuter votre recherche, vous devez faire certains choix, car plusieurs types de logement s'offrent à vous. Désirez-vous loger aux résidences universitaires, habiter seul dans un petit logement ou partager un plus grand logement avec des colocataires ?

LES DIFFÉRENTS TYPES DE LOGEMENT

Plusieurs types de logement s'offrent aux étudiants qui décident d'entreprendre leurs études à Montréal. On peut choisir d'habiter les résidences universitaires, de partager un logement avec des colocataires ou d'habiter seul en appartement. D'un point de vue strictement financier, la colocation est généralement la solution la plus avantageuse. Par contre, elle implique une vie en communauté qui n'est pas faite pour tout le monde. Avant de faire votre choix, comparez soigneusement les options disponibles, car il est difficile de changer de logement pendant l'année scolaire.

Habiter seul en appartement

Habiter seul est idéal pour étudier calmement le soir. Vous pouvez aussi écouter votre musique préférée à fond, le matin, sans énerver personne (sauf vos voisins). En somme, seul, vous jouissez d'une totale intimité. En revanche, la vie solitaire peut devenir assez monotone. Pensez à ces dimanches soirs glacials du mois de janvier où vous serez seul devant votre assiette de spaghetti. Mais surtout, habiter seul est coûteux. Comptez au moins 320 $ par mois pour couvrir les frais d'un très petit logement (un studio), ce qui n'inclut pas le prix du téléphone (25 $/mois), de l'Internet (25 $/mois), du chauffage (600 $/an) et de l'électricité (40 $/mois).

Les résidences universitaires

Les résidences universitaires sont de grands immeubles situés à quelques minutes à pied de votre université. Vous pouvez y louer une petite chambre d'environ **9 m²** qui comprend un lit, un petit réfrigérateur, un placard et une table de travail (moyennant un supplément, certaines résidences louent des chambres plus grandes munies d'une salle de bain). À chaque étage de l'immeuble, les étudiants se partagent une salle de bain commune, un salon et, parfois, une cuisine. Comme les résidences universitaires sont très convoitées, **inscrivez-vous dès le printemps** pour espérer avoir une place à l'automne.

Habiter en résidence : avantages et inconvénients

Les +

- **Des baux de huit mois.** Votre bail débute le 1er septembre et se termine le 30 avril. Et pendant l'été, si vous retournez habiter chez vos parents ou si vous partez en voyage, vous conservez votre droit sur la chambre pour le trimestre d'automne.
- **Le prix de la chambre est abordable.** Une chambre individuelle se loue à partir de 320 $ par mois.
- **Ça facilite les rencontres avec d'autres étudiants.** Tous les jours, vous croiserez vos voisins d'étage dans les corridors, à la cuisine, au salon et même à la salle de bain. En vivant cette intense proximité, vous avez de fortes chances de vous faire de nouveaux amis qui pourraient devenir vos futurs colocataires...
- **Au cœur de la vie étudiante.** Les résidences sont généralement situées à proximité de l'université et des installations sportives qui s'y rattachent. Pour cette raison, plusieurs étudiants n'achètent pas le titre mensuel de transport en commun (une économie d'environ 40 $/mois).

Les –

- **Les chambres sont très petites.** Votre paradis a une superficie de 9 m^2.
- **Se nourrir coûte beaucoup plus cher.** Le fait que le réfrigérateur soit petit et qu'il y ait peu d'aménagement pour cuisiner encourage plusieurs étudiants à manger au resto, à la cafétéria de l'université ou à acheter des plats cuisinés qui coûtent cher.
- **Les murs sont parfois mal isolés.** Des voisins fanatiques de musique forte peuvent vous empêcher de bien dormir et d'étudier la veille d'un important examen.

La colocation

Vivre en colocation est habituellement la solution la plus économique pour se loger, car vous partagez les frais de téléphone, de l'Internet, de l'électricité et du chauffage. Aussi, cuisiner vous fait épargner beaucoup d'argent. Question d'ambiance, si vous logez avec des personnes sympathiques, vous y gagnez puisque vous échangez vos expériences quotidiennes avec vos colocs et partagez des moments agréables.

Par contre, il y a des inconvénients. En colocation, vous devez partager le réfrigérateur, les toilettes et les tâches ménagères. Il faut aussi se donner des règles pour que l'appartement ne se transforme pas en boîte de nuit les soirs de la semaine (voir les conseils p. 44). Donc, pour être certain que ce mode de vie vous convient, demandez-vous si vous seriez capable de vivre sous le même toit que d'autres personnes ? Vous adaptez-vous facilement aux autres ?

Êtes-vous tolérant ? Cette introspection est cruciale, car l'expérience de la colocation peut s'avérer pénible autant pour vous que pour les autres si vous n'êtes pas fait pour vivre en communauté.

Attention aux amis. Habiter en colocation avec des amis n'est pas garant de succès. Au contraire. Trop d'histoires de grandes amitiés se terminent par des disputes liées à la vie commune. De plus, les amis ont tendance à envahir votre intimité, ce qui crée également des frictions. Donc, mieux vaut être prudent, car habiter avec une personne n'équivaut pas à la côtoyer une fois ou deux par semaine.

L'entrevue de sélection

On vous convoque en entrevue de sélection pour vous joindre à une colocation ? Vous êtes à deux doigts d'habiter un logement de rêve ? Pour vous démarquer des autres candidats, gardez votre calme, répondez simplement et sincèrement aux questions, et montrez que vous avez envie de vous intégrer au groupe. C'est votre meilleure chance de marquer des points.

Profitez de cette rencontre pour vérifier si :

- les personnes qui vous interrogent sont bien organisées ;
- vous pourriez vous entendre avec vos futurs colocataires ;
- l'appartement est propre.

Si vous sortez de cette rencontre avec une mauvaise impression, attendez une autre opportunité. Vivre une année complète avec des gens que l'on n'apprécie pas est pénible.

Cinq questions à poser en entrevue pour colocation

1. Pourquoi le ou les anciens colocataires sont-ils partis ?
2. Quelles sont les règles pour recevoir des invités ou faire la fête ?
3. Quels sont les horaires (travail rémunéré et études) des colocataires ?
4. Comment les tâches ménagères sont-elles partagées ?
5. Comment les frais sont-ils partagés ? Divise-t-on le loyer par le nombre de colocataires ou les plus grandes chambres sont-elles plus chères ?

Quatre règles pour vivre en harmonie en colocation

Voici les règles de base pour vivre agréablement en colocation. Pourquoi ne pas prendre quelques minutes, lorsque vous commencez votre vie commune, pour écrire les règles que vous vous êtes données ? Plus tard, si ces règles s'avéraient mal adaptées, rien ne vous empêcherait de les réviser en faisant une petite réunion de colocs.

- **Faites le ménage et lavez votre vaisselle.** Si tout le monde met la main à la pâte, vous n'aurez pas de problème sur cet enjeu capital.
- **Respectez l'intimité de chacun et l'espace commun.** Prévenez vos colocs avant de faire la fête et d'inviter des amis à dormir, et ne laissez pas traîner vos affaires.
- **Définissez des règles communes.** Pouvez-vous fumer dans votre chambre ? Peut-on recevoir des amis tous les soirs de la semaine ?
- **Payez à temps.** Respectez les dates de paiement et faites en sorte que les autres colocataires ne courent pas après vous pour récupérer votre part du loyer. Les histoires d'argent enveniment les relations sociales.

TROUVER UN LOGEMENT À LOUER

Conséquence de la crise économique de 2009, la métropole ne connaît plus une pénurie de logements locatifs aussi terrible que dans le passé. Néanmoins, trouver un logement propre, bien isolé et à prix abordable, peut constituer une expérience décourageante pour ceux qui débarquent en ville. Trous à rats, logements miniatures loués à vil prix et annonces trompeuses sont notamment les obstacles rencontrés par les chercheurs de logement. Pour gagner du temps et mettre la main sur une aubaine, mieux vaut connaître toutes les astuces avant même d'entreprendre cette recherche.

▶ ***Conseils aux étudiants étrangers.*** *Arrivez au moins deux semaines avant le début des cours pour commencer votre recherche de logement et n'hésitez pas à contacter le Service aux étudiants internationaux de votre université d'accueil pour demander de l'aide. Si vous ne voulez pas vous casser la tête pour acheter des meubles ou des appareils ménagers, vous pouvez louer des logements meublés ou semi-meublés. Par contre, ces logements sont souvent plus petits et plus chers que les autres. Attention, les étudiants étrangers ont tendance à payer plus qu'il n'en faut pour se loger à Montréal. Si vous signez un bail à partir de l'étranger, assurez-vous que le prix est compétitif. On rapporte que certains proprios augmentent de 50 % le prix des logements loués aux étudiants étrangers.*

Prix mensuel moyen des logements non meublés à Montréal[1]

(la fraction correspond à la salle de bain)

Nombre de pièces	Prix mensuel	Nombre de chambres à coucher
1½ ou studio	À partir de 320 $	1
2½	À partir de 380 $	1
3½	À partir de 450 $	1
4½	À partir de 600 $	1 ou 2
5½	À partir de 700 $	2 ou 3
6½ et +	À partir de 900 $	3 et +

Les stratégies de recherche

Pour trouver un logement convenable à un prix raisonnable, vous avez besoin de temps pour faire des visites, vous familiariser avec les quartiers et comparer les offres. Prévoyez au strict minimum deux semaines. Si, à votre arrivée à Montréal, vous avez besoin d'une chambre ou d'un « lit » à bas prix (à partir de 23 $/nuit dans un dortoir), consultez la liste des logements temporaires (p. 49). Sachez que dormir temporairement dans un endroit qui ne coûte pas trop cher atténue la pression qui vous pousse à trouver un logement fixe à tout prix.

Trucs pour trouver un logement

Si vous désirez un logement pour le 1er juillet, jour où de nombreux ménages montréalais déménagent, l'idéal est d'en chercher un à partir du mois d'avril. En effet, comme les baux se terminant le 1er juillet se renouvellent à la fin du mois de mars, les premiers logements à louer sont affichés dès le mois d'avril.

Visitez à pied ou en vélo les quartiers qui vous intéressent. Plusieurs propriétaires se contentent d'installer une pancarte À LOUER devant leur immeuble. Ces « trésors » ne se retrouvent ni sur Internet ni dans les journaux.

▶ *Saviez-vous qu'en épargnant 50 $ par mois sur le loyer de votre logement, vous aurez économisé 1 800 $ au terme de vos études universitaires de premier cycle ?*

1 Les statistiques proviennent de différentes sources, mais ces dernières ont toutes pour référence le recensement de 2006. Compilation des données faite par l'auteur.

Visitez tôt le matin. Plusieurs propriétaires ne rencontrent que deux ou trois locataires potentiels avant de faire leur choix. Il n'est pas rare qu'un logement soit loué le matin même où il a été affiché. Donc, ne soyez pas en retard.

Comment éviter de payer trop cher ?

Concentrez vos recherches dans les quartiers où les logements sont abordables. Consultez la carte aux pages 4 et 5 pour connaître le prix moyen des logements selon l'arrondissement. Lisez aussi l'encadré intitulé « Des arrondissements et des quartiers qui ont la cote chez les étudiants » à la page suivante.

Vérifiez la proximité des services. Près du logement y a-t-il une ligne de bus ou une station de métro, une épicerie, un marché de fruits et de légumes, une pharmacie, une institution financière et, au besoin, une laverie ? Si vous habitez loin de ces services, il est plus difficile de profiter des aubaines offertes par les commerçants et de faire des économies sur vos frais de déplacement.

Informez-vous du coût de l'électricité et du gaz en téléphonant à Hydro-Québec au 514-385-7252 ou à Gaz Métropolitain au 1-800-875-6202. Un logement mal isolé coûte très cher à chauffer.

> ***Astuce.*** *Habiter un demi-sous-sol peut vous faire épargner. Ces logements coûtent de 10 % à 15 % moins cher que ceux situés au rez-de-chaussée ou aux étages supérieurs.*

Éloignez-vous des rues bordant l'université, car les loyers sont de 10 % à 20 % plus chers (à l'exception des résidences universitaires). Comme le titre mensuel de transport vous donne accès à l'ensemble du réseau de transports en commun de l'île de Montréal, pour moins de 40 $/mois, vous avez avantage à vous éloigner de l'université pour payer un logement moins cher.

> ***Conseil.*** *Avez-vous envoyé un courriel à vos amis pour leur signaler que vous êtes à la recherche d'un logement ? Vos connaissances sur Facebook peuvent-elles vous aider ? Le bouche-à-oreille est souvent la meilleure méthode pour trouver un appartement.*

Éloignez-vous des stations de métro. Les logements situés très près des stations de métro sont plus chers. Marcher quelques minutes avant de prendre le transport en commun est bon pour votre santé et votre portefeuille.

Des sites et des journaux où chercher un logement

Pour faciliter votre recherche de logement, visitez d'abord le site Internet de votre université à la page « Logements à louer ». Des propriétaires habitués de faire affaire avec la clientèle étudiante y publient des annonces. C'est aussi l'endroit idéal pour trouver des colocataires ou une place en colocation.

Si vous ne trouvez rien d'intéressant sur le site Internet du campus, voici d'autres sites et des journaux à consulter.

Sites Internet

- *www.cherchetrouve.ca* (clientèles cibles : les jeunes et les étudiants)
- *http://montreal.en.craigslist.ca*
- *http://ca.easyroommate.com*
- *www.acam.qc.ca*
- *www.cvendu.ca*
- *http://montreal.kijiji.ca*
- *www.lespac.com*
- *www.logisquebec.com*
- *www.toutmontreal.com*
- *www.vitevitevite.com*

> **Saviez-vous que**, *sur Internet, plusieurs propriétaires affichent des photos de leurs logements ? Cela vous permet de visiter un logement sans vous déplacer.*

Les journaux

- *Voir* (clientèles cibles : les jeunes et les étudiants)
- *La Presse*
- *Journal de Montréal*
- *24 heures*

Des arrondissements et des quartiers qui ont la cote chez les étudiants

En arrivant dans une ville qui nous est étrangère, on manque parfois de repères pour choisir un quartier qui répond à notre style de vie. Et compte tenu de notre mince portefeuille, il est intéressant de connaître les quartiers où il est plus économique de se loger. Voici la description de quelques quartiers convoités par les étudiants. Pour en savoir davantage sur les caractéristiques de tous les arrondissements de Montréal, visitez le *www.etudieramontreal.info/fr/vivre* ou le *http://ville.montreal.qc.ca*.

L'arrondissement Mercier–Hochelaga-Maisonneuve

Ancien quartier ouvrier de la métropole, cet arrondissement offre des logements parmi les plus abordables de l'île de Montréal. Pour ne pas perdre trop de temps en transport en commun pour vous rendre à l'un des campus du centre-ville, ne choisissez pas un logement trop loin dans l'est de la ville.

L'arrondissement Verdun

Situé à quelques minutes du centre-ville, ce quartier comprend plusieurs espaces verts et offre des logements à prix abordable. L'arrondissement est réputé pour le dynamisme de sa vie communautaire.

Le Village

Le Village gay de Montréal compte parmi les plus importants du genre en Amérique du Nord. Endroit réputé pour ses soirées festives et son ambiance électrisante, le Village demeure un quartier sécuritaire. La station de métro Beaudry donne accès au cœur du Village, mais le quartier s'étend vers l'est jusqu'à la station Papineau. Il est possible d'y trouver des logements à prix abordable.

L'arrondissement Rosemont–La Petite-Patrie

Dans cet arrondissement, plusieurs étudiants logent près des stations de métro Jean-Talon, De Castelnau, Jarry, Fabre et Beaubien. Évidemment, les prix abordables des logements expliquent en grande partie l'attrait de cet arrondissement, mais ce n'est pas son seul avantage. Un énorme marché public – le marché Jean-Talon – permet aux citoyens de s'approvisionner en fruits et en légumes à bas prix. Aussi, la station de métro Jean-Talon donne accès à deux lignes de métro (bleue et orange). Si vous choisissez d'habiter dans ce quartier, ne manquez pas d'aller faire un tour dans la Petite Italie, pour ses restaurants et ses cafés, et à la Plaza St-Hubert, pour ses boutiques de mode à bon prix.

> ▶ **À noter :** *avant de signer votre bail, calculez le temps que vous passerez en transport en commun pour vous rendre à l'université* (www.stm.info/azimuts). *Si vous utilisez le métro, choisissez, si possible, un logement situé sur la même ligne.*

L'arrondissement Côte-des-Neiges–Notre-Dame-de-Grâce

En raison de ses loyers abordables et de sa diversité culturelle, de nombreux étudiants choisissent d'habiter cet arrondissement. La station de métro Snowdon donne l'avantage d'avoir accès à deux lignes de métro (bleue et orange). Les logements situés près des stations de métro Namur, Plamondon et Côte-Sainte-Catherine sont réputés être moins chers que ceux qui entourent la station Snowdon, mais, pour accéder à l'Université de Montréal en métro, vous devrez vous rendre à la station Snowdon pour prendre une correspondance.

Le Mile-End

Situé à l'extrémité ouest de l'arrondissement du Plateau-Mont-Royal (dans le secteur formé par le boulevard Saint-Laurent, la rue Bernard Ouest, l'avenue du Parc et l'avenue Fairmount), le Mile-End est connu pour être un quartier à vocation largement artistique. Y habitent entre autres des artistes, des musiciens, des écrivains et des cinéastes de la scène montréalaise. Aussi les boutiques, les galeries d'art, les cafés et les fameuses boulangeries spécialisées dans la confection de *bagels* (un anneau de pâte cuit au four à bois) donnent un cachet particulier à ce quartier. Pour s'y rendre : prendre l'autobus 97 à la station de métro Mont-Royal. Pour y habiter à bas prix, un truc : joignez-vous à une colocation.

L'arrondissement du Plateau-Mont-Royal

Cet arrondissement, communément appelé « le Plateau », est l'un des quartiers tendance où habiter à Montréal, et les Européens en raffolent. L'architecture de ses immeubles, les vieux arbres qui ponctuent ses petites rues et les grands parcs (dont le parc Laurier et le parc La Fontaine) qui s'y trouvent en font un bel endroit agréable à vivre. Sur l'avenue du Mont-Royal – l'artère commerciale du Plateau –, on retrouve tous les commerces et services essentiels. Par contre, habiter cet arrondissement coûte généralement assez cher. Se joindre à une colocation est probablement le meilleur truc pour s'y loger à un prix raisonnable.

Logements temporaires

Vous avez besoin de vous loger temporairement à votre arrivée à Montréal ? Voici une liste de bonnes adresses offrant des « lits » et des chambres propres et abordables. À moins d'indication contraire, les prix n'incluent pas les taxes (environ 15 %). La plupart des résidences, auberges et hôtels mentionnés ci-dessous disposent aussi de chambres doubles, et parfois de studios avec cuisinette. Pour connaître d'autres bonnes adresses, visitez le site *www.tourisme-montreal.org*.

L'été seulement (mai à août)

Résidences de l'Université de Montréal

2450 boul. Édouard-Montpetit, à 500 m de Ⓜ Université-de-Montréal, 514-343-8006, www.studioshotel.ca

Chambres simples à partir de 40 $/nuit.

Petit réfrigérateur et ventilateur. Disponibles dès le 1er mai. Accès Internet ($). Cuisines communautaires, laveries et petite épicerie sur place.

Résidences de l'UQAM Est

303 boul. René-Lévesque E., à 300 m de Ⓜ Champ-de-Mars, 514-987-6669, www.residences-uqam.qc.ca

Chambres simples à partir de 46 $/nuit en semaine et 56 $/nuit la fin de semaine.

Rabais de 10 % pour étudiants sur présentation d'une carte étudiante valide. Disponibles de la mi-mai à la mi-août. Laverie, cafétéria, appels locaux gratuits et accès Internet sans fil (5 $/jour). Climatisation seulement dans les studios doubles. Toutes les chambres des Résidences de l'UQAM Est ont un ventilateur de plafond.

Résidences de l'UQAM Ouest

2100 rue St-Urbain, à 500 m de Place-des-Arts, 514-987-7747, www.residences-uqam.qc.ca

Pour les détails, voir Résidences de l'UQAM Est.

Résidences de l'Université McGill, Bishop Mountain Hall

3935 rue University, McGill, 514-398-6368, www.mcgill.ca/residences/summer/bmhrvc
Chambres simples à partir de 45 $/nuit.

Petit déjeuner continental inclus. Petit réfrigérateur. Chambres non climatisées. Salles de bain communes. Laverie, cuisinette, salle de jeu et salle de télévision. Accès Internet gratuit au bureau de l'accueil et dans la salle d'étude du Collège Royal Victoria (voir ci-dessous).

Résidences de l'Université McGill, Collège Royal Victoria

3425 rue University, à 300 m de McGill, 514-398-6368,
http://francais.mcgill.ca/residences/undergraduate/tour/rvc
Chambres simples à partir de 45 $/nuit.

Pour femmes seulement. Petit déjeuner non inclus. Petit réfrigérateur. Chambres non climatisées. Salles de bain communes à chaque étage. Laverie, cuisinettes, salle de télévision, salles communes, pianos et cafétéria. Accès Internet sans fil. Téléphone fixe dans les chambres ($).

Résidences de l'Université McGill, Solin

3510 rue Lionel-Groulx et annexe au 3585 rue Delisle, les deux bâtiments sont situés à environ 500 m de Lionel-Groulx, 514-398-6368, http://francais.mcgill.ca/residences/summer/solin
Appartements à partir de 30 $/nuit (séjour minimum de 3 nuits).

Chaque appartement comprend une cuisine avec cuisinière et réfrigérateur, un salon et une salle à manger. Les appartements de deux chambres ont une salle de bain complète et une salle de bain avec lavabo et cabine de douche. Salles d'étude, salles de télévision et salles de jeu avec tables de billard. Appartements non climatisés.

Collège Jean de Brébeuf

5625 rue Decelles, à 500 m de Côte-des-Neiges, 514-342-1320, poste 5236 ou 5135, www.brebeuf.qc.ca
Chambres à partir de 30 $/nuit (taxes incluses).

Disponibles de mi-mai à mi-août. Lavabo dans chaque chambre, douches et toilettes sur l'étage et accès aux salons de télévision.

Toutes saisons

Auberge de l'Hôtel de Paris

901 rue Sherbrooke E., à 500 m de Sherbrooke, 514-522-6861, www.hotel-montreal.com
Dortoir : 23 $/nuit ; chambres : 84 $/nuit.

Petit déjeuner continental inclus. Accès Internet sans fil gratuit. Accès gratuit à un ordinateur dans le hall. Les chambres ont la télévision avec les chaînes spécialisées.

Le Gîte du Plateau

185 rue Sherbrooke E., à 700 m de Sherbrooke, 514-284-1276, www.hostelmontreal.com
Dortoir : 28 $/nuit (taxes incluses) ; chambres doubles à partir de 65 $.

Petit déjeuner continental inclus.

Le Gîte du Parc Lafontaine

1250 rue Sherbrooke E., à 600 m de Sherbrooke, 514-522-3910, www.hostelmontreal.com
Dortoir : 28 $/nuit (taxes incluses) ; chambres doubles à partir de 65 $/nuit.

Petit déjeuner continental inclus.

Auberge de jeunesse de Montréal

1030 rue Mackay, à 200 m de Ⓜ Lucien-L'Allier, 514-843-3317 ou 1-866-843-3317, www.hostellingmontreal.com/fr/auberge_montreal.aspx

Dortoir : 32 $/nuit ; chambres privées : 86 $/nuit.

Rabais sur présentation de la carte ISIC ou HI. Air conditionné. Douche et toilette dans chaque chambre. Cuisine commune. Repas disponibles ($). Salle de télévision. Poste Internet ($). Accès Internet sans fil gratuit. Billard ($). Laverie ($). Activité organisée : la tournée des bars !

Résidence Maria-Goretti

3333 ch. de la Côte-Ste-Catherine, à 700 m de Ⓜ Côte-des-Neiges, 514-731-1161, www.logement.umontreal.ca/documents/ResidenceMariaGoretti-150k.pdf

Chambres à partir de 30 $/nuit.

Femmes seulement. Chambres munies d'un mini-réfrigérateur et d'un lavabo. Cuisine commune avec micro-ondes, grille-pain et coin-repas. Salle de séjour avec téléviseur. Salle d'étude. Laveuses et sécheuses aux étages ($). Téléphones publics aux étages ($). Accès Internet et téléphone fixe dans les chambres ($). Toilettes et douches à chaque étage. Séjours de longue durée possibles.

Hôtel Le Breton

1609 rue St-Hubert, à 200 m de Ⓜ Berri-UQAM, 514-524-7273, www.lebreton.ca

Une chambrette à 38 $/nuit. Chambres régulières : 50 $ à 85 $/nuit selon la saison.

Petit déjeuner continental inclus (mai à novembre).

Oratoire Saint-Joseph, Pavillon Jean XXIII

3800 ch. Queen-Mary, à 500 m de Ⓜ Côte-des-Neiges, 514-733-8211, www.saint-joseph.org/fr_1046_index.asp

Chambres d'un lit à cinq lits : 45 $ à 200 $/nuit par chambre. Ajoutez 5 $/nuit si vous louez en haute saison (mai à oct).

Petit déjeuner inclus. Salles de repos et salle à manger communes. Salles de bain partagées à chaque étage. Chapelle et salle de réunion aussi disponibles.

Auberge YMCA

1355 boul. René-Lévesque O., à 200 m de Ⓜ Lucien-L'Allier, 514-866-9942, www.ydesfemmesmtl.org

Chambres à partir de 50 $/nuit.

Chambres avec lavabo. Salles de bain et douches communes. Laverie ($). Cuisine et salon communs. Pour hommes et femmes.

Hôtel Casa Bella

264 rue Sherbrooke O., à 300 m de Ⓜ Place-des-Arts, 514-849-2777 ou 1-888-453-2777, www.hotelcasabella.com

Chambres à partir de 60 $/nuit du 1er oct au 1er mars et 75 $ du 1er avr au 30 sept.

Petit déjeuner continental inclus. Accès Internet sans fil gratuit. Air conditionné.

Hôtel Castel Saint-Denis

2099 rue St-Denis, à 500 m de Ⓜ Sherbrooke, 514-842-9719, www.castelsaintdenis.qc.ca

Chambres à partir de 60 $/nuit.

Petit déjeuner continental inclus. Accès Internet sans fil gratuit. Air conditionné. Téléviseur avec câble dans les chambres.

La visite

Lorsque vous visitez un logement, l'idéal est de le faire le jour puisque vous pouvez mieux juger de son état. Il est fortement conseillé de prendre des notes pour que vos souvenirs ne s'embrouillent pas au bout du dixième logement visité. **Attention:** même si cette pratique est illégale, certains propriétaires demandent un acompte avant de vous faire signer le bail. Si vous lui remettez de l'argent, exigez un reçu.

▶ *Conseil. Avant la visite, préparez un dossier qui contient les renseignements demandés par les proprios (nom et adresse de votre propriétaire actuel, coût mensuel de votre logement, antécédents de crédit et preuves de paiement comme une facture de téléphone ou d'électricité).*

Lors de la visite, vérifiez:

- **L'état des portes et des fenêtres.** Plus elles sont vieilles, plus le chauffage coûte cher.
- **Les signes d'humidité**, comme de la moisissure dans la cuisine et la salle de bain.
- **Si la tuyauterie fonctionne bien.** Testez les robinets, les lavabos, la chasse d'eau de la toilette et l'écoulement de l'eau du bain. Si le propriétaire s'engage à faire des réparations, faites-les inscrire sur le bail.
- **La sortie de secours.** Est-elle dégagée? La porte s'ouvre-t-elle facilement?

▶ *Un truc. Essayez d'obtenir une copie du bail du locataire occupant. Ainsi, vous pourrez contester une augmentation de loyer exagérée devant la Régie du logement, un tribunal qui a notamment pour mission d'assurer la protection des droits des locataires (voir l'encadré p. 54).*

Questions à poser au proprio une fois sur les lieux

- Le chauffage, l'eau chaude et l'électricité sont-ils inclus dans le loyer?
- Y a-t-il déjà eu présence de vermine?
- Assumez-vous les frais pour la peinture?
- Défrayez-vous la réparation des électroménagers (si inclus dans le logement)?
- Y a-t-il un espace de rangement (remise, dépôt, garage)?
- Y a-t-il un droit d'accès à la cour?

▶ *Saviez-vous que le proprio ne peut exiger le paiement de plus d'un mois de loyer d'avance? C'est le maximum autorisé par la loi, et ce, même au moment de signer le bail. De plus, le proprio ne peut exiger des chèques postdatés. Il est aussi illégal de sa part de vous demander une somme pour les autres mois de loyer, les clés, l'endommagement éventuel du logement ou des meubles, etc.*

LE BAIL : UN CONTRAT AVEC VOTRE PROPRIÉTAIRE[2]

Le bail de logement, un contrat entre vous et le propriétaire, détermine les obligations de chacun. Au moment de louer, demandez au propriétaire de remplir le formulaire obligatoire de la Régie du logement. Ce formulaire coûte 2 $ et est disponible dans la plupart des pharmacies et dépanneurs.

Vos principales obligations et celles du propriétaire

Les 6 commandements du locataire

- Payer son loyer à la date prévue sur le bail.
- S'occuper du logement avec précaution et d'une façon responsable.
- Faire les petites réparations d'entretien qui s'imposent.
- Ne pas faire de changements majeurs.
- Remettre le logement dans l'état où vous l'avez loué.
- Ne pas troubler la vie des autres locataires.

Les principales obligations du propriétaire

- Offrir un logement en bon état et sécuritaire.
- Procurer la jouissance paisible du logement.
- Faire toutes les réparations nécessaires au logement, à l'exception des petites réparations d'entretien (changer les ampoules, par exemple).
- Ne pas faire de changements majeurs sans avis préalable.

2 L'information contenue dans cette section provient du document intitulé *Mon appart, mes droits !*, disponible au *www.monappart.ca*.

La section G

À la section G du bail, le propriétaire doit indiquer le loyer le plus bas payé au cours des 12 derniers mois.

Si vous croyez que le loyer est trop élevé, il existe trois façons de le faire réajuster:

- Si le propriétaire a rempli la section G et que le loyer indiqué est plus bas que celui pour lequel vous avez signé, vous avez 10 jours après la signature du bail pour déposer une demande à la Régie du logement afin de demander une fixation de loyer.
- Si le propriétaire n'a pas rempli la section G, vous avez un délai de deux mois après le début du bail pour faire une demande à la Régie. C'est à vous de prouver que le montant du loyer était inférieur à celui que vous payez maintenant.
- Si le propriétaire a écrit un faux montant à la section G, vous avez deux mois, à partir du moment où vous découvrez la fausse déclaration, pour faire une demande de fixation de loyer à la Régie. Vous devrez également faire la preuve de la fausse déclaration.

PASSE-MOI TON BAIL !

Les propriétaires profitent souvent de l'arrivée d'un nouveau locataire pour augmenter de façon exagérée le loyer. Lorsque vous signez un nouveau bail, vous avez le droit de savoir combien payait l'ancien locataire.

Alors, si vous déménagez :

- remettez en main propre votre bail au nouveau locataire ;
- ou postez votre ancien bail au nouveau locataire ;
- ou laissez votre bail à l'association des locataires ou au comité de logement de votre quartier ;
- ou cachez votre bail dans un tiroir de la cuisine pour que le nouveau locataire le trouve...

Sous-louer ou céder son logement

Si vous quittez temporairement votre logement pour un voyage, des études ou un emploi de quelques mois, et que votre but est surtout d'éviter de payer le loyer d'un logement inhabité, la **sous-location** serait une bonne solution. Vous demeurez alors locataire, et tous vos droits et vos obligations sont intacts. La personne à qui vous sous-louez devra vous rendre le logement au terme de votre entente.

Si, par contre, vous préférez céder votre bail et être libéré de votre obligation, vous renoncez alors à votre droit de revenir dans le logement.

Rien n'interdit à un colocataire ou à un locataire de sous-louer ou de céder sa part du bail. Toutefois, **il doit envoyer un avis écrit à son propriétaire et, le cas échéant, à ses colocataires pour les en informer.** L'avis doit indiquer le nom, l'adresse de la personne à qui il veut sous-louer ou céder son bail ainsi que la date prévue pour cette sous-location ou cette cession. Vous trouverez un modèle de cession ou de sous-location d'un logement au *www.monappart.ca*.

Attention: le ou les colocataires et le propriétaire ont le **droit de refuser** la cession ou la sous-location du logement s'ils ont un motif sérieux (par exemple, les mauvais antécédents de crédit de la personne).

Les modifications au bail et la hausse de loyer

Le propriétaire ne peut modifier le montant du loyer ni toute autre clause en cours de bail. Les changements s'effectuent lors du renouvellement du bail et à la suite d'un avis écrit. Si le propriétaire ne vous envoie aucun avis de reconduction/modification au bail, vous n'avez pas à le contacter. À son expiration, le bail sera renouvelé aux mêmes conditions.

Modifications du bail et délais

Durée du bail	Délai de l'avis par le propriétaire	Délai de la réponse par le locataire
12 mois ou plus	Entre 3 et 6 mois avant la fin du bail	Dans le mois suivant la réception de l'avis
Moins de 12 mois	Entre 1 et 2 mois avant la fin du bail	Dans le mois suivant la réception de l'avis
Durée du bail indéterminée	Entre 1 et 2 mois avant la modification demandée	Dans le mois suivant la réception de l'avis
Bail d'une chambre	Entre 10 et 20 jours avant la modification demandée	Dans le mois suivant la réception de l'avis

Devant une modification de bail, vous avez trois choix:

- **Accepter**, si les modifications vous conviennent. Dans ce cas, aucune réponse n'est nécessaire.
- **Déménager**, si c'est ce que vous souhaitez. N'oubliez pas d'aviser le propriétaire par écrit.
- **Refuser les modifications (incluant la hausse de loyer) et renouveler votre bail.** Vous trouverez un modèle officiel de réponse à un avis d'augmentation de loyer au *www.monappart.ca*.

Attention. Si vous ne répondez pas à une modification de bail, c'est que vous acceptez les changements et renouvelez votre bail. N'oubliez pas de respecter le délai d'un mois à compter de la date de réception de l'avis. Il est toujours plus prudent de répondre par écrit et par courrier recommandé. Avant de refuser, il est conseillé de communiquer avec le comité de logement de votre quartier.

Taux 2010. Pour les baux locatifs conclus entre le 1er avril 2010 et le 1er avril 2011, la Régie du logement suggère les taux d'augmentation suivants :

- 1 % pour les logements chauffés à l'électricité par le proprio ;
- −0.5 % pour les logements chauffés au gaz par le proprio ;
- −7.9 % pour les logements chauffés au mazout par le proprio ;
- 0,8 % pour les logements chauffés aux frais des locataires.

L'information est disponible à la section *Foire aux questions*, puis à l'onglet *Augmentation de loyer* du site Internet de la Régie du logement au *www.rdl.gouv.qc.ca*.

Si vous refusez la hausse de loyer ou les changements au bail, le proprio a deux choix:

- Le propriétaire peut s'adresser à la Régie du logement pour demander de fixer le loyer et/ou de se prononcer sur les autres modifications demandées. Il doit cependant le faire dans un délai d'un mois suivant la réception de votre avis de refus. Sinon le bail sera reconduit aux mêmes conditions que l'année précédente.
- Il peut essayer de négocier avec vous. Si vous arrivez à conclure une entente avec votre propriétaire, n'oubliez pas de le faire par écrit. Si vous n'arrivez pas à conclure une entente écrite dans le délai d'un mois suivant l'envoi de votre avis de refus et que votre propriétaire ne s'est pas adressé à la Régie du logement, votre bail sera reconduit aux mêmes conditions que l'année précédente.

Les réparations urgentes et nécessaires

Ce type de réparation doit être effectué le plus rapidement possible, car les dommages peuvent détériorer votre logement ou être dangereux pour votre santé ou votre sécurité. **Ne laissez pas la situation dégénérer et avisez sans tarder le propriétaire si**, par exemple, vous constatez une fuite importante de la tuyauterie ou du toit, un débordement d'égout, une marche d'escalier ou de balcon qui cède, une panne de chauffage durant l'hiver, etc.

Si le propriétaire n'agit pas, et ce, même si vous lui avez expliqué à plusieurs reprises l'importance du problème, vous pouvez effectuer les travaux sans attendre. Prenez soin de conserver les factures et les reçus. Attention! Pour avoir le droit d'être remboursé, sachez que les travaux doivent être à la fois urgents et nécessaires. Par exemple, vous appelez un plombier pour faire cesser la fuite d'eau, mais non pour changer la tuyauterie au complet.

Adresses pour connaître vos droits et vous aider à les faire respecter

La plupart des universités ont un service d'avocats qui peut vous aider à faire respecter vos droits en cas de litige (voir p. 120), mais ce n'est pas tout. Vous pouvez également contacter des associations communautaires et des institutions publiques :

Mon appart, mes droits!
www.monappart.ca

Regroupement des comités de logement et des associations des locataires du Québec
www.rclalq.qc.ca

Régie du logement
www.rdl.gouv.ca

La loi, vos droits!
www.educaloi.qc.ca

Aide juridique
www.avocat.qc.ca

Commission des droits de la personne et des droits de la jeunesse
www.cdpdj.qc.ca

CHAUFFAGE ET ÉLECTRICITÉ : ÉCONOMISEZ !

C'est bien connu : en hiver il fait froid à Montréal. Avec une température moyenne de –10 °C, chauffer votre logement représentera environ 60 % de votre consommation annuelle d'énergie. Par contre, en été, si vous ne climatisez pas votre logement, vos factures d'électricité ne seront pas très élevées. **Le choc survient au début de l'hiver** dès que vous allumez le chauffage. À ce moment, les factures doublent ou même triplent d'un seul coup. Pour éviter les mauvaises surprises, un truc : **régularisez vos paiements mensuels**

d'électricité. En adhérant au Mode de versements égaux d'Hydro-Québec (le seul distributeur résidentiel d'électricité au Québec), vous saurez le montant mensuel de vos paiements pour toute l'année.

Pour réduire votre consommation d'énergie quotidienne, adoptez les conseils pratiques qui se trouvent dans ce chapitre. Ces astuces sont peu coûteuses, voire gratuites, à mettre en œuvre. Pourtant, elles vous feront économiser beaucoup d'argent, et vous réduirez votre impact sur l'environnement.

Alerte. Aide gratuite! L'organisme Option consommateurs offre des visites gratuites en efficacité énergétique aux ménages montréalais dont les revenus annuels sont de moins de 22 000 $. Lors de ces visites, des spécialistes vous donnent des **conseils** et peuvent même effectuer des **travaux d'isolation mineurs**, comme le calfeutrage des fenêtres et l'installation de coupe-froid pour les portes. Selon l'organisme, leurs travaux et conseils peuvent vous faire épargner jusqu'à 7 % de votre consommation d'énergie. Visitez leur site Internet au *www.option-consommateurs.org* ou composez le **514-598-7288** pour prendre rendez-vous dès le début de l'automne, car leur agenda est vite rempli.

Chauffage

Voici quelques trucs qui vous permettront d'améliorer la performance de votre système de chauffage.

Rideaux: ouverts le jour, fermés la nuit. Le jour, ouvrez vos rideaux (ou un tissu d'une épaisseur raisonnable) pour laisser le soleil réchauffer votre logement. La nuit, fermez-les pour mieux conserver la chaleur. Maintenez vos rideaux à 30 cm au-dessus de la plinthe chauffante pour faciliter la circulation de la chaleur.

Dégagez les plinthes chauffantes. Avant d'allumer le système de chauffage électrique, délogez la poussière accumulée sous les plinthes et libérez l'espace tout autour. Les surfaces sales et les meubles empêchent la chaleur de bien circuler dans la pièce.

Le jour à 21 °C, la nuit à 18 °C. Lorsque vous êtes dans votre logement, maintenez la température des pièces à 21 °C, mais réduisez-la de 2 °C à 4 °C la nuit ou lorsque vous quittez le logement. Chaque degré au-dessus de 20 °C fait augmenter de 2 % à 5 % votre consommation d'énergie. Dans le cas où l'appartement serait vacant pour une longue période, gardez la température entre 12 °C et 15 °C pour éviter le gel de la tuyauterie.

Maintenez les pièces à la même température. Une température uniforme dans toutes les pièces de votre logement favorise une utilisation optimale des plinthes chauffantes.

► *Saviez-vous que la plupart des logements montréalais sont chauffés à l'électricité? Toutefois, il se peut que votre logement soit muni d'un système à eau chaude ou d'un système au gaz. Pour en savoir davantage sur ces systèmes, consultez le site Internet de l'Agence de l'efficacité énergétique au* www.aee.gouv.qc.ca.

Colmatez les fuites et installez des coupe-bise. Portes, cadrages de fenêtres et fissures doivent être étanches. Pour détecter les infiltrations d'air, placez une mince feuille de papier ou une bougie allumée à ces endroits. Pour les repérer plus facilement, allumez la hotte de la cuisine, le ventilateur de la salle de bain et la sécheuse pour créer un effet de succion. Si des travaux d'étanchéité doivent être effectués, contactez votre propriétaire.

Inspectez les prises de courant. Si l'air fuit par les prises de courant, procurez-vous de petits coussins en mousse qui s'ajustent entre la plaque et le boîtier de la prise. Au moment de les installer, fermez le courant.

Appliquez une pellicule transparente sur les fenêtres. Sur les fenêtres qui n'ont pas besoin d'être ouvertes pendant l'hiver, posez une pellicule de plastique transparente. Pour la rendre presque invisible, tendez-la avec un séchoir à cheveux. Ces pellicules sont vendues à la quincaillerie, mais l'organisme Option consommateurs les fournit gratuitement lors de leurs visites. Comme ces plastiques peuvent être coûteux, laissez-les en place sur les fenêtres que vous n'ouvrez pas pendant l'été.

Thermostats électroniques programmables. Demandez à votre propriétaire d'installer des thermostats électroniques programmables. Ils vous feront épargner jusqu'à 10 % de votre facture de chauffage.

Utilisez efficacement les ventilateurs. Si votre appartement est muni de ventilateurs de plafond, sachez qu'ils ont une utilité différente en été et en hiver. L'été, on les fait tourner dans le sens antihoraire pour que les pales poussent l'air vers le bas. Ainsi, les pales créent un courant d'air rafraîchissant. L'hiver, on les fait tourner dans le sens horaire, de façon à diriger l'air vers le haut, pour faire redescendre la chaleur accumulée au plafond.

Comment mieux contrôler les thermostats à roulette intégrés aux plinthes chauffantes

Êtes-vous confronté au mammouth des régulateurs de température des logements montréalais, les thermostats à roulette intégrés aux plinthes chauffantes ? Voici l'abc pour maîtriser cet animal farouche.

Vous avez besoin :

- d'un thermomètre ou un d'hygromètre ;
- d'un crayon-feutre bleu ;
- d'un crayon-feutre rouge.

1. Placez le thermomètre au sol à 1 m de la plinthe et faites-la fonctionner pour que la température ambiante atteigne 21 °C. Tracez un trait rouge à l'endroit où pointe la roulette.
2. Ensuite, tournez la roulette vers la gauche et ajustez-la pour que la température ambiante atteigne 18 °C. Tracez un trait bleu à la position indiquée par la roulette.
3. C'est tout ! La nuit ou lorsque vous êtes absent, placez la roulette vis-à-vis du trait bleu et, le jour, du trait rouge.

Aérez votre logement. L'ennemi juré du système de chauffage est l'humidité. Plus le taux d'humidité est élevé, plus votre logement sera difficile à chauffer. Le truc, qui paraît contre-intuitif, est d'ouvrir, tous les jours pendant quelques minutes, une fenêtre à chaque extrémité de votre logement pour le faire aérer. En hiver, comme l'air extérieur est sec, vous remplacerez l'humidité accumulée dans votre logement par l'air sec extérieur qui est plus facile à chauffer.

Achetez un hygromètre. Cet appareil permet de connaître précisément le taux d'humidité de votre logement. Il se vend environ 20 $ à la quincaillerie. L'hiver, le taux d'humidité de votre logement devrait se situer entre 35 % et 45 %.

Appareils électroménagers et éclairage

Les étudiants n'ont souvent pas les moyens d'acheter les appareils électriques dernier cri qui sont plus performants en consommation d'énergie. Par contre, on peut utiliser plus efficacement ceux que l'on a chez soi. **Règle générale: les petits appareils consomment moins d'énergie que les gros.** Donc, si vous avez le choix, utilisez le four à micro-ondes ou la bouilloire plutôt que la cuisinière.

En ce qui concerne l'éclairage, deux trucs : éteignez les lumières inutilement allumées et **remplacez les ampoules incandescentes par des ampoules fluocompactes.** Ces ampoules durent plus longtemps et, en troquant les cinq principales ampoules incandescentes de votre logement par des ampoules fluocompactes, vous économiserez 30 $ d'électricité par an. D'ailleurs, Hydro-Québec offre, sur son site Internet, des remises postales pour encourager les citoyens à utiliser ces ampoules. Notez qu'il ne faut pas jeter les ampoules fluocompactes à la poubelle, car elles sont nuisibles pour l'environnement. Pour en disposer, allez directement les porter à votre Éco-centre (ils reprennent aussi les piles et les vieux pots de peinture). Visitez le site Internet de votre arrondissement pour savoir où se trouve l'Éco-centre le plus près de chez vous.

Voici d'autres petits trucs pour réduire votre consommation d'énergie :

Utilisez le lave-vaisselle ou la laveuse à charge pleine. Pourquoi utiliser la laveuse ou le lave-vaisselle s'ils sont à moitié vides ? Ne les mettez en marche que lorsqu'ils sont pleins.

Faites votre lavage à l'eau froide. Saviez-vous qu'un lavage à l'eau froide coûte seulement 2 cents alors qu'un lavage à l'eau chaude coûte 47 cents ? C'est donc 24 fois moins cher de faire votre lavage à l'eau froide !

Profitez de la corde à linge. Pourquoi ne pas profiter du beau temps pour étendre votre linge à l'extérieur ?

L'hiver, n'étendez pas vos vêtements mouillés à l'intérieur de votre logement, car vous faites augmenter le taux d'humidité de l'air, et il vous en coûtera plus cher en chauffage. Pendant la saison hivernale, utilisez la sécheuse pour faire sécher vos vêtements.

Nettoyez le filtre à charpie. Pour réduire davantage le coût du séchage, enlevez systématiquement la poussière qui s'accumule dans le filtre à charpie.

Si la sécheuse prend pour plus d'une heure pour sécher une brassée, il se peut que le tuyau d'évacuation de la sécheuse soit trop long ou obstrué.

Prenez de brèves douches ou, pendant que vous vous savonnez, fermez l'eau. La plupart des pommes de douche de fabrication récente sont munies d'un interrupteur qui permet de couper l'eau sans toucher aux robinets.

Procurez-vous une pomme de douche à débit réduit (9,5 litres par minute). Les vieilles pommes de douche vous font inutilement consommer de l'eau chaude. N'hésitez pas à demander à votre propriétaire s'il peut vous rembourser cette petite dépense (environ 20 $).

Vérifiez la température du chauffe-eau. La température du chauffe-eau ne devrait pas dépasser 60 °C. Pour en vérifier le réglage, fermez le courant et dévissez les deux plaquettes s'y trouvant. Ajustez au besoin les thermostats.

> *Saviez-vous que le chauffe-eau est l'appareil qui consomme le plus d'énergie après le système de chauffage? Pour épargner, utilisez l'eau chaude avec parcimonie.*

Réparez les robinets qui fuient. Un robinet qui fuit au rythme d'une goutte par seconde gaspille 9 000 litres d'eau par année, soit suffisamment d'eau pour 160 cycles de lave-vaisselle.

Débranchez les appareils électriques. Même s'ils sont éteints, certains appareils électriques continuent de consommer de l'énergie, et leurs fiches chaudes trahissent cette consommation. Débranchez les appareils dont vous ne vous servez pas régulièrement.

L'ASSURANCE HABITATION

Même si votre appartement est loin d'avoir le look d'un hôtel cinq étoiles, serez-vous capable de remplacer tous vos biens d'un seul coup en cas de dégâts causés par le feu, l'eau ou à la suite d'un vol? Que se passe-t-il si votre ordinateur portable ou vos vêtements se font voler ou si l'un de vos invités trébuche dans les escaliers? Pour faire face à ces imprévus, il est fortement conseillé de s'assurer (mais ce n'est pas obligatoire). **Si vous avez moins de 25 ans et étudiez à temps plein, l'assurance de vos parents protège probablement vos biens.** Dans ce cas, vérifiez la couverture à laquelle vous avez droit gratuitement. Pour vous aider à vous y retrouver dans la jungle des assurances, voici les éléments de base à maîtriser.

Garanties

En règle générale, les polices d'assurance pour locataires comprennent une assurance responsabilité civile et une assurance des biens.

L'assurance responsabilité civile couvre les dommages que vous pouvez causer à l'immeuble ou à autrui. Par exemple, si le grille-pain met le feu à votre logement ou si vous faites déborder l'eau de la baignoire, vous pourriez être poursuivi en justice pour payer les réparations. De plus, si l'un de vos invités se blessait dans les escaliers, vous pourriez être tenu responsable de ses blessures et devoir le dédommager. L'assurance responsabilité civile vous protège contre ces éventualités.

▶ **Saviez-vous que** ***les biens se trouvant dans votre voiture sont assurés par votre assurance habitation ? Donc, si votre ordinateur ou vos vêtements se font voler dans votre voiture, c'est votre assurance habitation qui couvrira vos pertes.***

L'assurance des biens comprise dans votre assurance habitation vous protège contre les dégâts causés par le feu, l'eau ou le vol.

Comment économiser

Pour épargner sur le coût de votre assurance habitation, voici quelques trucs.

Évaluez précisément la valeur de vos biens. En effet, il est inutile de s'assurer pour une valeur supérieure à vos biens, car vous ne pouvez pas réclamer plus que le montant de vos pertes. Pour faire l'inventaire de vos biens, remplissez le formulaire du Bureau d'assurance du Canada au *www.infoassurance.ca*.

Comparez les prix. C'est le meilleur moyen pour faire des économies. Selon une récente enquête présentée dans le magazine *Protégez-Vous*, spécialisé en consommation, les primes (coût de l'assurance) peuvent varier du simple au double d'une compagnie à l'autre.

Augmentez la franchise. La franchise est la somme qui n'est pas remboursée au moment de la réclamation. Habituellement, on peut choisir une franchise qui varie de 0 $ à 5 000 $. Toutefois, en cas de sinistre, vous devez être en mesure d'assumer ce montant.

Choisissez le mode de règlement qui vous convient. En souscrivant une police d'assurance, vous avez le choix entre deux modes de règlements : la couverture *Valeur au jour du sinistre* ou la couverture *Valeur à neuf*. La couverture *Valeur au jour du sinistre* est généralement moins chère, car l'assureur rembourse un montant qui tient compte de l'usure de vos biens. La couverture *Valeur à neuf*, quant à elle, ne tient pas compte de l'usure de vos biens. Donc, en cas de réclamation, même si votre ordinateur portable est vieux de plusieurs années, vous recevriez le montant total déboursé à l'achat.

3

SE MEUBLER

Si, après avoir obtenu un maximum de meubles, d'articles de maison et de vaisselle de votre famille (profitez-en pour téléphoner à vos tantes, oncles, grands-pères et grands-mères qui ont toujours quelque chose à donner), il vous manque encore des articles pour meubler votre futur logement, pourquoi ne pas les acheter dans un magasin d'occasion ? À condition d'être accommodant du point de vue esthétique, vous pouvez mettre la main sur votre mobilier pour une somme dérisoire. Un conseil : soyez patient et économe pour meubler votre logement. Les déménagements sont accompagnés d'un important stress et, trop souvent plus émotifs que rationnels, les nouveaux locataires se lancent dans de grandes dépenses qu'ils regrettent lorsque vient le temps de rembourser leur carte de crédit.

▶ **Astuce.** *Les magasins où la marchandise est vendue à 1 $ sont parmi les meilleurs endroits pour équiper votre cuisine à bas prix. Vous y trouverez des passoires, des serviettes, des ustensiles, des verres, des tasses, des assiettes, des bols, etc. Si la qualité des produits offerts ne vous convient pas, visitez l'une des succursales du magasin à rayon Winners (www.winners.ca). Une section de ce magasin de liquidation est réservée aux accessoires de cuisine.*

LES ÉLECTROMÉNAGERS

La solution la plus économique pour acheter des électroménagers est de vous les procurer dans un magasin d'occasion, car ils sont remis à neuf et garantis. De plus, un service de livraison est toujours disponible à bas prix (environ 10 $ par appareil). Si vous décidez d'acheter des électroménagers neufs, surveillez les promotions sur les modèles bas de gamme, car les prix sont élevés.

Magasins d'occasion

En négociant habilement avec les vendeurs, vous pourrez acheter des électroménagers à un prix raisonnable (laveuse à partir de 160 $, sécheuse : 225 $, cuisinière : 220 $, réfrigérateur : 275 $). Souvent, deux magasins se font concurrence à quelques pas l'un de l'autre. Profitez-en pour comparer les prix. **Attention au financement !** Si l'on vous offre de financer vos électroménagers, vérifiez le coût total des appareils au terme du prêt.

▶ **Mise en garde.** *Pour éviter d'acheter un « citron », choisissez un marchand qui offre une garantie d'un an sur les pièces et la main-d'œuvre, car, sans garantie, les réparateurs facturent, en plus du prix des pièces, environ 50 $ pour se déplacer et réparer votre appareil. Demandez que la garantie soit inscrite sur la facture.*

Ameublement Elvis

4349 av. Papineau, Ⓜ Papineau, puis bus 45, 514-522-9484, www.ameublementelvis.ca
lun-mer 9h à 18h, jeu et ven 9h à 21h, sam 9h à 17h, dim 9h à 16h

Vous n'y trouverez pas le chanteur populaire, mais un choix incomparable d'électroménagers. On peut négocier les prix et, selon le propriétaire, toute offre raisonnable est acceptée. La garantie est d'un an sur les pièces et la main-d'œuvre.

Ameublement Laurier

1575 av. Laurier E., à 900 m de Ⓜ Laurier, 514-598-8838
lun-mer 9h à 18h, jeu et ven 9h à 21h, sam 9h à 17h, dim 10h à 17h
Ce commerce offre un bon choix d'appareils sur place. On compte une vingtaine de modèles différents par type d'appareil. Pièces disponibles. La garantie est d'un an sur les pièces et la main-d'œuvre.

Appareils R.V. Dupuis

1551 av. Laurier E., à 900 m de Ⓜ Laurier, 514-522-1785
lun-mer 9h à 18h, jeu et ven 9h à 21h, sam 9h à 17h, dim 11h à 17h
En affaires depuis une trentaine d'années, ce commerce contraste un peu avec le modèle classique des autres magasins d'électroménagers, car l'effort accordé à la décoration intérieure inspire la confiance dans la qualité des appareils vendus. Au rez-de-chaussée: réfrigérateurs et cuisinières. Au sous-sol: laveuses et sécheuses. La garantie est d'un an sur les pièces et la main-d'œuvre.

Électro Beaubien P.J.

1530 rue Beaubien E., Ⓜ Beaubien, puis bus 18, 514-273-1881
lun-mer 9h à 17h, jeu et ven 9h à 22h, sam 9h à 16h
En affaires depuis près de 40 ans, ce magasin offre un excellent choix d'appareils sur place. Par conséquent, il est facile de comparer la qualité et le prix des différents appareils disponibles. La garantie est d'un an sur les pièces et la main-d'œuvre.

Le Roi des bas prix

1879 rue Ontario E., à 800 m de Ⓜ Papineau, 514-328-2437
lun-mer 10h à 18h, jeu et ven 10h à 20h, sam 10h à 17h
En affaires depuis une vingtaine d'années, le propriétaire de ce petit magasin surchargé d'électroménagers connaît bien le marché. Il pourra vous aider à dénicher l'appareil qui vous convient le mieux, à un prix concurrentiel. La garantie est d'un an sur les pièces et la main-d'œuvre.

Électroménagers neufs

Acheter des électroménagers neufs coûte cher (comptez au moins 400 $ par appareil). Les magasins à grande surface mentionnés ci-dessous sont accessibles par métro et autobus. Un service de livraison est toujours disponible. Vous pouvez négocier le prix des appareils, mais il est plus difficile de faire baisser le prix des appareils déjà en promotion. Encore une fois, si vous voulez faire financer les appareils à crédit, vérifiez le coût total des articles au terme du prêt.

The Brick

8701 boul. L'Acadie, Ⓜ Crémazie, puis bus 54, 146 ou 100 pour vous rendre au Marché Central, 514-381-1313, www1.thebrick.com
lun-ven 9h à 21h, sam 9h à 17h, dim 10h à 17h

Future Shop

460 rue Ste-Catherine O., 514-393-2600, Ⓜ Place-des-Arts; 2313 rue Ste-Catherine O., 514-228-0135, Ⓜ Atwater; 1001 rue du Marché-Central, 514-387-3188, Ⓜ Crémazie, puis bus 54, 146 ou 100 www.futureshop.ca
lun-ven 10h à 21h, sam 9h à 20h, dim 10h à 18h

Home Depot

100 rue Beaubien O., 514-490-8030, Ⓜ Beaubien ; 4625 rue St-Antoine O., 514-846-4770, Ⓜ Place-Saint-Henri ; 1000 rue Sauvé O., 514-333-6868, Ⓜ Crémazie, puis bus 146
www.homedepot.ca
lun-ven 8h à 21h, sam et dim 8h à 17h

MEUBLES D'OCCASION

Les magasins de meubles d'occasion et les bazars d'églises vendent de tout, à prix imbattable. Le seul hic : ils n'ont pas toujours la marchandise que vous cherchez. Avant de vous déplacer, téléphonez pour vérifier ce qu'ils ont en stock. Si vous n'avez pas envie de courir d'un magasin à l'autre pour acheter vos meubles, sachez que le magasin **IKEA** (9191 boul. Cavendish, 514-738-2167), situé dans le nord-ouest de la ville, possède une sélection incomparable de meubles (à monter) à prix raisonnable. Un service de livraison est disponible. Ne manquez pas la section *Liquidation* située près des caisses. Des articles légèrement abîmés ou retournés en magasin sont liquidés à 50 % du prix régulier. Pour vous y rendre en transport en commun, visitez le site *www.stm.info*.

Ameublement Elvis

4349 av. Papineau, Ⓜ Papineau, puis bus 45, 514-522-9484, www.ameublementelvis.ca
lun-mer 9h à 18h, jeu et ven 9h à 21h, sam 9h à 17h, dim 9h à 16h

La spécialité de ce magasin est sans aucun doute la vente d'électroménagers d'occasion. Cependant, en fouillant au fond et au sous-sol de la boutique d'Elvis située la plus au nord sur l'avenue Papineau (Elvis a trois boutiques voisines), vous trouverez des commodes, des bureaux de chambre, des tables de cuisine, de petits meubles et des matelas neufs.

Armée du Salut

6160 ch. de la Côte-des-Neiges, Ⓜ Côte-des-Neiges, 514-344-9646 ; 7066 rue St-Hubert, Ⓜ Jean-Talon, 514-276-0349 ; 3444 rue Ontario E., Ⓜ Joliette, 514-529-4025 ; 1620 rue Notre-Dame O., Ⓜ Lucien-L'Allier, 514-935-7425 ; 5762 rue Sherbrooke O., Ⓜ Vendôme, 514-488-8714
www.armeedusalut.ca
lun-ven 9h30 à 17h, sam 9h à 17h, dim fermé (peuvent légèrement varier d'une succursale à l'autre)

Dans les magasins de l'Armée du Salut, on trouve à petits prix des accessoires de cuisine, des vêtements et parfois des meubles. Le magasin de la rue Notre-Dame offre le plus grand choix de meubles (à l'étage).

Mission du grand berger

2510 rue Centre, à 100 m de Ⓜ Charlevoix, 514-933-9608, www.missiongrandberger.com
lun-ven 9h30 à 17h

Dans ce grand magasin de trois étages, vous trouverez des meubles, des appareils électroménagers, des téléviseurs, des accessoires de cuisine, des vêtements, etc. Un service de livraison est disponible à bas prix.

Petits Frères des Pauvres

1380 rue Gilford, à 800 m de Ⓜ Mont-Royal, 514-523-8280
mar-sam 13h30 à 16h30
Dans ce petit magasin, on vend des tables, des chaises, de petits meubles de rangement et des vêtements.

Société Saint-Vincent de Paul

1930 rue Champlain, à 700 m de Ⓜ Papineau, 514-525-2491, www.ssvp-mtl.org
lun-ven 10h à 16h
Dans ce grand magasin, vous trouverez un intéressant choix de meubles remis à neuf (tables de cuisine, chaises, tables de travail, bibliothèques, etc.), des matelas neufs, des sofas, des fauteuils, des appareils électriques dont des téléviseurs et des fours à micro-ondes, des accessoires de cuisine et des vêtements. Comme les électroménagers ne sont garantis que pour trois mois, achetez-les plutôt dans un magasin d'occasion spécialisé (voir p. 65). Livraison : 15 $ sur le trottoir, 25 $ dans votre logement.

Le Coffre aux Trésors du Chaînon

4375 boul. St-Laurent, à 600 m de Ⓜ Mont-Royal, 514-843-4354, www.lechainon.org
mar-mer 10h à 18h, jeu et ven 10h à 20h, sam 10h à 17h, dim 12h à 17h
Au premier étage de ce magasin, vous trouverez des meubles, des vêtements, des téléviseurs et des radios. Au deuxième, on vend des disques, des livres et des accessoires de cuisine.

LITS ET FUTONS NEUFS

Pour bien étudier, il faut bien se reposer, d'où l'importance d'avoir un lit confortable. Donc, avant de choisir le matelas le moins cher, assurez-vous qu'il soutient bien votre dos. Les magasins mentionnés ci-dessous offrent une gamme intéressante de lits et de futons à prix concurrentiel. Les étudiants qui louent une petite chambre choisissent parfois de s'acheter un futon avec base (à partir de 240 $). Cette dernière a l'avantage de se replier pour se transformer en divan ; votre chambre devient ainsi un petit salon. Si cette option vous intéresse, vérifiez absolument si le confort est suffisant pour vous permettre de bien dormir, car les futons sont plus mous que les matelas à ressorts.

Matelas Rabais

7354 rue St-Hubert, à 500 m de Ⓜ Jean-Talon, 514-223-2928
lun-mer 10h à 18h, jeu et ven 9h à 21h, sam et dim 10h à 17h
Matelas Rabais est probablement l'une des meilleures adresses pour acheter un matelas et un sommier à bas prix (à partir de 150 $ pour un matelas double et un sommier). Plusieurs lits sont en démonstration, ce qui permet d'en vérifier le confort.

Le Palais du Matelas

7212 rue St-Hubert, à 300 m de Ⓜ Jean-Talon, 514-495-3893
lun- mer 10h à 18h, jeu et ven 10h à 20h, sam 10h à 17h, dim 12h à 17h
Situé à deux pas du magasin Matelas Rabais, Le Palais du Matelas offre aussi une gamme de matelas et de sommiers à bas prix. Vous y trouverez également un choix intéressant de meubles.

Futon SVP

3700 rue St-Denis, à 300 m de Ⓜ Sherbrooke, 514-282-2062, www.futonsvp.ca
lun-mer 11h à 18h, jeu et ven 11h à 21h, sam 11h à 17h, dim 12h à 17h
Cette boutique expose une quinzaine de modèles de futon avec base. Les modèles économiques se détaillent à partir de 240 $ (futon et base). Si vous n'avez besoin que du futon, vous en trouverez à partir de 185 $. On vend aussi des housses de différentes couleurs pour recouvrir les futons.

MATÉRIEL INFORMATIQUE

Incapable de mettre la main sur l'ordinateur portable ou le PC d'un ancien étudiant ? Une solution : achetez votre appareil dans un magasin d'occasion. L'équipement est remis à neuf, et vous ne payerez que la moitié du prix initial. Habituellement, on garantit les ordinateurs d'occasion pour une période de trois mois. Si vous préférez de l'équipement neuf, sachez que le magasin d'ordinateurs du campus est pratique, mais qu'il n'affiche pas nécessairement les meilleurs prix. Avant d'acheter, comparez le prix de l'ordinateur que vous désirez acquérir avec les offres des marchands mentionnés ci-dessous. D'ailleurs, ces marchands font d'alléchantes promotions quelques semaines avant la rentrée scolaire.

Ordinateurs remis à neuf

La plupart des programmes universitaires ne nécessitent pas l'achat de matériel informatique dernier cri. Dans ce cas, pourquoi acheter du matériel neuf si l'on peut avoir un ordinateur remis à neuf pour la moitié du prix ?

Dantech

4826 rue St-Denis, à 400 m de Ⓜ Laurier, 514-849-2999,www.dantech.ca
lun-mer 10h à 19h, jeu et ven 10h à 21h, sam et dim 10h à 17h

Insertech Angus

2600 rue William-Tremblay, à 1,1 km de Ⓜ Préfontaine, 514-596-2842, www.insertech.qc.ca
lun-mer 10h à 18h, jeu et ven 10h à 19h, sam et dim 10h à 17h
Insertech est une entreprise à but non lucratif ayant pour mission l'insertion sociale et professionnelle de jeunes adultes de 18 à 30 ans. On y répare et vend des portables, des

ordinateurs neufs et des ordinateurs remis à neuf (garantie de six mois, pièces et main-d'œuvre, licence Microsoft). Ateliers de formation disponibles.

Micro Services

4662 av. Papineau, Papineau, puis bus 45 ou Mont-Royal puis bus 97, 514-529-6132, www.microservices.ca

Dans cette boutique, on vend des PC et des ordinateurs portables neufs et d'occasion. Un service de réparation est disponible. Aussi, vous y trouverez du matériel informatique à prix concurrentiel et pourrez faire remplir vos cartouches d'encre à bas prix.

PC1

5172 ch. Queen-Mary, à 100 m de Snowdon, 514-735-7772,www.pc1.ca
lun-mer 10h à 18h, jeu et ven 10h à 20h, sam 10h30 à 18h, dim 12h à 17h

PC3

372 rue Sherbrooke E., 514-544-3404 et 2003 rue St-Denis, 514-544-1849, les deux magasins sont situés à quelques minutes à pied de Berri-UQAM, www.pc3.ca
lun-mer 10h à 18h, jeu et ven 10h à 20h, sam 10h30 à 18h, dim 12h à 17h

Conseils avant d'acheter une imprimante

Vérifiez si l'imprimante est pourvue du mode d'impression « économique ». Notez aussi le coût des cartouches d'encre. Certains fabricants ont la réputation de faire fortune en vendant des recharges d'encre. Si vous imprimez principalement en noir et blanc, choisissez une imprimante qui utilise une cartouche de couleurs indépendante de la cartouche « noir et blanc ». Sinon, lorsque la cartouche « couleurs » est vide, vous devez absolument la changer, même pour imprimer en noir et blanc. Pour faire remplir ou remplacer vos cartouches à bas prix, visitez l'un des kiosques de l'entreprise Island Ink-Jet (*www.printerrefillers.com/Montreal*). Vous économiserez plus de la moitié du prix payé en magasin. De plus, les employés d'Island Ink-jet connaissent bien le marché de l'impression : demandez-leur conseil avant de faire votre achat.

Ordinateurs neufs

Pour faire des économies sur l'achat d'un ordinateur neuf, il faut attendre les promotions. Pour les connaître, abonnez-vous au service d'envoi de courriels des magasins suivants.

Best Buy

8871 boul. de l'Acadie, Crémazie, puis bus 54, 146 ou 100, 514-905-4269, www.bestbuy.ca
lun-ven 10h à 21h, sam 9h à 17h, dim 10h à 17h

Dell

www.dell.ca

Dell est une boutique complètement virtuelle. Les prix des ordinateurs sont très compétitifs, et la livraison est généralement incluse dans le prix.

Future Shop

460 rue Ste-Catherine O., 514-393-2600, Place-des-Arts ; 1001 rue du Marché-Central, 514-387-3188, Marché Central ; 2313 rue Ste-Catherine O., local 108, 514-228-0135, Atwater
www.futureshop.ca
lun-ven 10h à 21h, sam 9h à 20h, dim 10h à 18h

> ***Connaissez-vous l'association Consumer Union ?***
> ***Fondée en 1936 aux États-Unis, elle est aujourd'hui la plus importante association de consommateurs au monde. Sur son site Internet (www.consumerreports.org), vous avez accès, pour quelques dollars, aux tests que fait l'entreprise sur des centaines de produits. Un conseil : avant d'acheter un ordinateur portable neuf, allez jeter un coup d'œil sur les résultats des tests.***

Des logiciels gratuits

Les logiciels vendus en boutique sont hors de portée de votre portefeuille ? Vous cherchez une suite bureautique, un antivirus, un logiciel de partage de fichiers et un compresseur de données ? Une solution : téléchargez des logiciels libres ! Ces logiciels sont totalement légaux et de qualité comparable à ceux vendus à vil prix sur le marché. Ils sont conçus par des cracks en informatique qui se sont donné pour mission de favoriser l'accès à la technologie. Visitez le site *http://sourceforge.net* pour trouver de nombreux logiciels et en connaître davantage sur le travail de cette communauté virtuelle.

Voici quelques logiciels gratuits indispensables à la sécurité et à l'exploitation de votre ordinateur

- **Suite bureautique :** OpenOffice au *http://fr.openoffice.org*. Cette suite contient un logiciel de traitement de texte, un tableur, un module de présentation, un module de dessin et une base de données.
- **Logiciels de partage de fichiers :** Limewire au *www.limewire.com* ; BitTorrent au *www.bittorrent.com* ; eMule au *www.emule.com* ; Ares au *http://aresgalaxy.sourceforge.net* ; Lphant au *www.lphant.com*
- **Antivirus et anti-espion :** AVG au *http://gratuit.avg.fr* ; Avast au *www.avast.com* (cliquez sur l'onglet « Logiciel gratuit ») ; Avira au *www.avira.com/fr/download*
- **Navigateur Internet :** Firefox au *www.mozilla-europe.org/fr* ; Google Chrome au *www.google.com/chrome*
- **Logiciel de traitement d'images :** GIMP au *www.gimp.org*

- **Logiciel de capture d'images:** Gadwin PrintScreen au *www.gadwin.com/printscreen*
- **Logiciel pour créer des PDF:** PDFCreator au *http://sourceforge.net/projects/pdfcreator*
- **Logiciel de compression de données:** 7zip au *www.7-zip.org*
- **Éditeur de pages web:** NVU au *www.net2.com/nvu*

@

Partagez vos trucs et vos bonnes adresses pour économiser et vivre pleinement la vie étudiante à Montréal !

Envoyez vos suggestions à *etudiermontreal@ulysse.ca*.

Découvrez les meilleures contributions sur *www.guidesulysse.com/Etudier-a-Montreal*

et sur notre page Facebook : *www.facebook.com/GuidesUlysse*.

4 LA VIE AU QUOTIDIEN

La vie à Montréal coûte cher, si l'on ne connaît pas les trucs et les bonnes adresses pour économiser. Avis aux débrouillards en quête d'économies : voici ce que vous devez savoir pour épargner sur votre compte bancaire, vos dépenses en nourriture, en transport, en télécommunications (téléphone, interurbain, cellulaire, Internet) et en vêtements. Dans le domaine de la consommation, le principe est simple pour faire un choix éclairé : prenez le temps de comparer les caractéristiques des produits et les prix entre différents concurrents avant d'acheter.

LES BANQUES

Les banques font de l'argent avec votre prêt étudiant, votre marge de crédit, votre carte de crédit et avec les frais de service que vous payez pour utiliser leurs guichets automatiques. Comment ne pas trop leur en donner ? En étant économe pour ne pas s'endetter outre mesure pendant ses études et en connaissant quelques trucs pour diminuer ses frais de transaction.

Les fameuses cartes de crédit

Avoir une carte de crédit, c'est pratique, car les cartes de crédit sont acceptées presque partout. Mais c'est aussi un bon plan pour s'endetter. Elles sont donc déconseillées aux acheteurs compulsifs, puisque les taux d'intérêt oscillent entre 10 % et 28 %/an (voir l'encadré p. 36). Les cartes de crédit associées à un programme de récompenses ne sont pas nécessairement avantageuses en raison de leurs frais annuels. Les cartes des grandes chaînes de magasins sont à éviter en raison de leurs taux d'intérêt élevés.

Les principales banques

Voici une liste des plus importantes institutions financières à Montréal. Visitez leur site Internet pour en comparer les forfaits et connaître où se trouvent les guichets automatiques.

- **Caisses Desjardins** au *www.desjardins.com* (coopérative ayant le plus grand nombre de guichets automatiques au Québec ; devenir membre coûte 5 $).
- **Banque Nationale** au *www.bnc.ca* (deuxième plus important réseau de guichets automatiques au Québec).
- **Banque CIBC** au *www.cibc.com*.
- **Banque Laurentienne** au *www.banquelaurentienne.com* (la seule institution financière à avoir des guichets automatiques dans les stations de métro).
- **Banque de Montréal** au *www4.bmo.com*.
- **Banque Royale** au *www.rbcbanqueroyale.com*.
- **Banque Scotia** au *www.banquescotia.com*.
- **Banque TD** au *www.td.com*.

Étudiants étrangers : ce qu'il faut savoir

Il est conseillé d'arriver à Montréal avec suffisamment de devises pour payer les dépenses du premier mois. De cette façon, vous ne serez pas pris de court si un virement bancaire prend plus de temps que prévu. Prévoyez vous munir de dollars canadiens en petites coupures, car les billets de 100 $ ne sont pas acceptés partout. Voici quelques renseignements qui vous aideront à planifier vos activités financières à Montréal.

Ouvrir un compte bancaire

Pour vous faciliter la vie, choisissez l'une des institutions financières situées près de l'université. Elles font couramment affaire avec les étudiants étrangers. Pour ouvrir un compte, vous devez présenter deux preuves de résidence. Une fois inscrit, le caissier vous remettra une carte de débit, communément appelé « carte Interac ». Cette carte est acceptée dans la plupart des commerces.

Choisissez ensuite un forfait bancaire mensuel en fonction de vos besoins (voir plus loin « Astuces pour épargner sur vos frais de transaction). Certaines institutions offrent des forfaits gratuits aux étudiants. Pour éviter que votre institution ne gèle l'argent que vous déposez dans votre compte, demandez un « transit ».

Cartes de crédit

Les cartes de crédit les plus répandues sont Visa et MasterCard, et on se les procure dans une institution financière. Par contre, faute d'avoir un historique de crédit au pays, il vous sera difficile de vous en procurer une au Canada. Si vous tenez absolument à en avoir une, voici trois trucs qui peuvent vous aider :

- Apportez votre carte de crédit étrangère et demandez à l'émetteur de la carte s'il est possible de la faire transférer au Canada.
- Demandez à votre succursale bancaire canadienne si vous pouvez laisser un dépôt de garantie en échange d'une carte de crédit.
- Procurez-vous une carte de « crédit » prépayée, mais sachez qu'elles coûtent plus cher à utiliser que les cartes classiques.

Astuces pour épargner sur vos frais de transaction

Voici comment éviter de remplir inutilement les coffres déjà bien garnis de votre institution financière.

- N'utilisez pas les guichets automatiques des concurrents. Des frais allant jusqu'à 5 $ vous seront facturés par transaction.
- Maintenez le solde requis pour obtenir gratuitement votre forfait bancaire.

Changer de l'argent

Si vous avez de la monnaie étrangère à changer, deux conseils : évitez les banques et fuyez les bureaux de change des quartiers touristiques et ceux situés à l'aéroport. Pour connaître les taux en vigueur, consultez le site *www.oanda.com*.

Sur le tableau indicateur du bureau de change, la colonne qui vous intéresse le plus est « Achat/We Buy ». Plus le bureau de change achète cher, plus vous aurez de dollars canadiens. Voici deux bonnes adresses assez proches l'une de l'autre qui vous permettront de comparer les taux.

- **Calforex**
  694 rue Ste-Catherine O., à 300 m de Ⓜ McGill, 514-395-2898
- **Échange Uniglobe**
  1385-A rue Ste-Catherine O., entre les Ⓜ Peel et Guy-Concordia, 514-845-5849

Recevoir de l'argent de l'étranger

Sachez qu'encaisser un chèque ou une traite bancaire provenant de l'étranger est compliqué. À éviter. Voici deux bonnes façons de recevoir de l'argent de l'étranger :

- Avec les coordonnées internationales de votre institution financière, vous pouvez faire un virement de l'étranger, mais le transfert de fonds peut prendre quelques jours à s'effectuer.
- Avec Western Union. Rapide, mais cher. Composez le 1-800-235-0000 ou visitez le *www.westernunion.ca*.

Les chèques

Pour obtenir un carnet de chèques, vous n'avez qu'à le demander lors de l'ouverture de votre compte bancaire, mais vous devez le payer. Notez que l'on paie rarement par chèque et que peu de commerçants les acceptent. On les utilise principalement pour payer le loyer. Attention, faire un chèque sans fond coûte jusqu'à 50 $. Pour éviter cette pénalité, il serait prudent d'être inscrit au service de virement en cas de découvert.

- Évitez de faire des transactions au comptoir, car vous payez habituellement des frais de 1$ à 2$ par transaction. Pour payer vos factures, utilisez plutôt le guichet automatique ou le site Internet de votre institution financière.

Si vous êtes assidu et que vous remboursez tous les mois, en entier, le solde de votre carte de crédit, préférez-la à votre carte de débit pour faire vos transactions quotidiennes. Elles sont gratuites.

À la caisse, au moyen de votre carte de débit, certains commerçants permettent à leurs clients de retirer des sommes supplémentaires. Ce faisant, vous épargnez une transaction au guichet automatique.

Tous les mois, sur votre relevé bancaire, examinez vos frais de service. En cas d'erreur, communiquez rapidement avec votre institution financière. Si l'erreur n'est pas corrigée, contactez l'ombusdman de votre institution, puis, si nécessaire, l'Ombudsman des services bancaires et d'investissement (*www.obsi.ca*).

▶ ***Pour en savoir davantage sur les comptes bancaires, visitez le site de l'Agence de la consommation en matière financière du Canada au www.fcac-acfc.gc.ca. À la rubrique « Pour les consommateurs », vous trouverez de l'information sur les cartes de débit, les frais bancaires, le crédit, etc.***

LA NOURRITURE

Tout le monde sait que, pour économiser sur la nourriture tout en ayant le ventre plein, on doit éviter le resto et se faire des lunchs le plus souvent possible. Mais ce n'est pas tout. Il existe une tonne de petits trucs simples qui, ensemble, ont pour effet de réduire considérablement sa facture d'épicerie. Parfois, il suffit tout simplement d'acheter ses produits au bon endroit et au bon moment. Généralement, il s'agit de prendre son temps pour comparer les produits... et les prix. **Retenez ceci:** plus vous planifiez judicieusement vos repas de la semaine, meilleure sera votre alimentation et moins cher cela vous coûtera.

Combien devrais-je dépenser pour me nourrir?

Environ 200$ par mois. C'est ce dont vous avez besoin pour acheter suffisamment de céréales, de fruits, de légumes, de produits laitiers et de viandes. Ce montant exclut la bière, le vin, les repas au resto et les réceptions entre amis (à moins de manger des toasts au beurre d'arachide le reste du mois!). Avec 200$, vous n'avez que le strict minimum pour manger sainement.

Où acheter quoi?

Lorsque l'on fait ses courses, l'idéal est d'acheter uniquement les articles qui sont en promotion. Pour cela, consultez les cahiers publicitaires des détaillants. Habituellement, les meilleurs prix se trouvent:

- **à l'épicerie** (Métro, IGA, Maxi, etc.) pour les produits de base (produits laitiers, œufs, pain...), les conserves et la bière ;
- **à la pharmacie** (Jean-Coutu, Uniprix, Pharmaprix, etc.) pour les produits hygiéniques, de soins corporels (savon, dentifrice, shampooing, etc.) et les produits nettoyants ;
- dans certains **marchés publics** ou chez un **marchand spécialisé** dans la vente de fruits et de légumes pour vos fruits et vos légumes ;
- dans les marchés du **Quartier chinois** (Saint-Laurent), au marché **Thai Hour** ou au marché **Marché Oriental** (situés près de Jean-Talon) pour les produits alimentaires asiatiques.

Habituellement, les dépanneurs (petites épiceries aux heures d'ouverture prolongées) vendent leurs produits jusqu'à 20 % plus cher que les grandes surfaces.

Où acheter du vin pas trop cher ?

Préférez toujours la Société des alcools du Québec (*www.saq.com*), car, pour une qualité équivalente, les vins vendus dans les épiceries et les dépanneurs sont plus chers. En succursale, consultez les guides mis à votre disposition pour connaître les bons vins à moins de 12 $. La SAQ fait aussi régulièrement des promotions. Vérifiez son cahier publicitaire (communément appelé « La Circulaire SAQ ») ou visitez son site Internet avant d'acheter. On peut aussi s'abonner en ligne pour recevoir par courriel leurs promotions.

Attention : stratégies commerciales

Saviez-vous qu'à l'épicerie tout l'aménagement du magasin est conçu pour vous faire dépenser davantage ? Pour déjouer les stratégies commerciales mises en place par les marchands, il faut d'abord les reconnaître. En voici quatre :

1. Les consommateurs achètent régulièrement des produits frais (œufs, lait, fromage et pain). Rusé, le commerçant place ces produits au fond du magasin, juste après les croustilles, les biscuits, le chocolat, l'alcool, les revues, les produits nettoyants, etc. Et hop ! sans y penser, on achète un produit de plus que prévu.
2. Une autre astuce utilisée par les épiciers pour augmenter leur marge de profit est de placer les produits les plus coûteux à la hauteur de vos yeux. Sachez que les articles les plus économiques se trouvent sur les tablettes du haut et du bas des étagères.
3. On place des articles au bout d'une rangée, mais sont-ils vraiment en promotion ? Comme ce n'est pas toujours le cas, ne vous fiez pas aux apparences.
4. On gonfle le prix habituel (prix régulier) des produits pour afficher des rabais spectaculaires. Pour reconnaître un prix gonflé, il suffit de répondre à la question suivante : lorsque la marchandise n'est pas en promotion, est-elle vraiment achetée ? Si vous croyez que non, le prix est probablement gonflé. Donc, ne prenez pas pour acquis qu'un « spécial » est toujours une bonne affaire.

Les trucs indispensables pour économiser gros !

Si vous désirez réduire rapidement et facilement le coût de votre panier d'épicerie, voici les trucs de base. Le principe : profitez au maximum des promotions et... cuisinez ! Pour connaître d'autres astuces, consultez le guide *Bien manger à bon compte : trucs, astuces et information en alimentation*, publié par l'Association coopérative d'économie familiale de Lanaudière (*www.consommateur.qc.ca/acef-lan*).

Avant d'aller à l'épicerie, **vérifiez ce que vous avez dans le garde-manger.** Rien ne sert d'acheter ce que vous avez déjà.

Faites vos courses toutes les semaines. La plupart des marchands impriment un cahier publicitaire hebdomadaire. Donc, pour profiter d'un maximum d'articles en promotion, vous devez faire plus souvent de petites emplettes. Par contre, soyez vigilant pour ne pas vous laisser tenter par les stratégies commerciales des détaillants (voir l'encadré à la page précédente) !

Les rabais sont cycliques. Environ tous les deux mois, les mêmes articles reviennent en promotion. Pour épargner, achetez les produits non périssables en quantité suffisante pour tenir le coup jusqu'au retour de la promotion. Graduellement, votre garde-manger et votre congélateur se rempliront d'articles payés de 10 % à 40 % moins cher que le prix régulier.

▶ *Saviez-vous que* ***les meilleurs rabais se trouvent à la première et à la dernière page du cahier publicitaire ? Ces articles – dénommés*** **Lost Leaders** ***– ont pour mission de vous attirer en magasin. Le truc : planifiez vos repas de la semaine en fonction de ces produits, et vous ferez d'importantes économies chaque semaine !***

Prenez le temps de faire votre épicerie. En courant dans les allées pour remplir votre panier, vous n'avez pas le temps de comparer les prix, les formats et les marques. En plus, vous risquez de manquer les bons rabais.

Plus les produits sont transformés, plus ils sont chers. Pour faire des économies, râpez vous-même votre fromage, coupez vous-mêmes vos légumes, faites vos propres muffins et assaisonnez votre viande et votre riz à la maison.

Apprenez à cuisiner. Plusieurs universités offrent des cours de cuisine aux étudiants, profitez-en. Les centres communautaires proposent aussi des cours de cuisine à bas prix.

▶ *Vous connaissez le livre* La Croûte cassée ? ***Publié par les éditions Parfum d'encre, il donne de bonnes recettes économiques, simples et savoureuses dont le coût par portion peut passer sous la barre de 1 $. Le livre est disponible dans certaines bibliothèques, mais si vous préférez en avoir un exemplaire, pourquoi ne pas le demander en cadeau ? Son prix : environ 25 $ plus taxes.***

Les lundis étudiants : 10 % de rabais

Sur présentation d'une carte étudiante valide et à l'achat d'un minimum de 50 $ de marchandise, certains épiciers offrent un rabais de 10 % sur tous vos achats, même sur les articles déjà en promotion (sauf sur les cigarettes, l'alcool, les billets de loto, etc.). Voici quelques adresses :

- **Métro**
  3575 av. du Parc, à 700 m de Ⓜ Place-des-Arts, 514-843-3530
  Livraison gratuite avec 50 $ d'achat.
- **Provigo**
  3421 av. du Parc, à 400 m de Ⓜ Place-des-Arts, 514-281-0488
  Livraison à 1 $ pour les étudiants.
- **Provigo**
  1953 rue Ste-Catherine, à 200 m de Ⓜ Papineau, 514-932-3756
  Livraison : 2 $.
- **Provigo**
  50 av. du Mont-Royal O., Ⓜ Mont-Royal puis bus 97, 514-849-8028
  Livraison : 3,50 $.

Faites-vous des lunchs. Un repas à l'université coûte près de 10 $ alors qu'un lunch préparé à la maison revient à moins de 3 $. Donc, cuisinez de manière à avoir des surplus et congelez-les.

Cuisinez en groupe. Les cuisines collectives sont un excellent moyen de s'intégrer à la communauté, d'apprendre de nouvelles recettes et de faire des économies. Visitez le site du Regroupement des cuisines collectives du Québec au *www.rccq.org* pour en savoir davantage.

▶ *Recettes gratuites. Consultez les sites* www.recettes.qc.ca *et* www.soscuisine.com *pour avoir accès gratuitement à des milliers de bonnes recettes. Dans certaines épiceries, vous trouverez également un présentoir rempli de fiches-recettes gratuites. Prenez-les !*

Mangez végétarien une fois par semaine. La viande est une composante coûteuse de notre régime alimentaire. En prenant quelques repas végétariens par mois, vous varierez votre menu tout en faisant des économies. Les légumineuses (pois chiches, lentilles, haricots), les œufs et le tofu remplacent les protéines animales et sont savoureux dans une recette.

D'autres petits trucs pour en avoir plus pour son argent

Voici comment étirer au maximum chaque dollar dépensé à l'épicerie.

Vérifiez le prix en fonction du poids. Généralement, la viande, les fruits et les légumes sont vendus au poids (6,59 $/kilogramme, par exemple). Pour connaître les articles les plus économiques à acheter, fiez-vous au prix en fonction de la quantité.

Essayez les marques maison. Elles sont moins chères, et leur qualité est souvent comparable à celle des grandes marques. Si vous ne les aimez pas, achetez votre marque préférée en promotion.

Évitez les aliments préparés, vous épargnerez les taxes. Les produits alimentaires de base comme le pain, les œufs, la viande, le poisson, les légumes et les fruits sont détaxés.

> **Saviez-vous que** *l'organisme Moisson Montréal (*www.moissonmontreal.org*) distribue des fruits et légumes qui proviennent du terroir québécois ? Les produits sont offerts à prix abordable dans des boîtes de différentes grandeurs, selon vos besoins. Visitez le site Internet pour connaître leurs points de distribution.*

Vérifiez vos factures, car il s'y glisse souvent des erreurs, surtout au début d'un nouveau cycle de promotions. En cas d'erreurs, faites appliquer la politique d'exactitude des prix (voir l'encadré à la page suivante).

Lisez les petits caractères. Les étiquettes présentant les articles en promotion ne sont pas toujours affichées de manière claire. Est-ce le contenant de 300 ml ou le contenant d'un litre qui est en promotion cette semaine ? En cas de doute, demandez à un commis de vous aider et n'hésitez pas à laisser au caissier les articles sur lesquels vous vous seriez trompés.

Comparez les formats. On fait souvent des économies en achetant en gros. Par contre, faites attention aux dates d'expiration pour ne pas balancer vos économies à la poubelle.

Attention aux faux rabais. Un article avec étiquette rouge ou présenté dans le cahier publicitaire n'est pas nécessairement en promotion. Vérifiez le prix régulier du produit avant de l'acheter.

Coupons de réduction. Pourquoi payer plus qu'il n'en faut ? Scrutez le cahier publicitaire et découpez les coupons.

On affiche «3 pour 5$». Souvent, vous n'êtes pas obligé d'acheter les trois articles pour obtenir le rabais. N'achetez que le nécessaire.

Avez-vous remarqué cette affiche à l'épicerie ou à la pharmacie ?

Si oui, cela indique que le commerçant adhère à la politique d'exactitude des prix. Donc, si le prix enregistré à la caisse est plus élevé que le prix annoncé dans le cahier publicitaire ou sur la tablette du magasin, **le commerçant doit vous remettre gratuitement ce produit s'il coûte 10 $ ou moins.** Si l'article vaut plus de 10 $, le commerçant doit d'abord en corriger le prix, pour le ramener au prix annoncé, puis vous consentir un rabais de 10 $ sur le prix corrigé.

Des recettes de nettoyants économiques et écologiques

Voici une liste de recettes simples pour vous aider à nettoyer votre logement de façon écologique et économique. Pour connaître d'autres trucs écolos, visitez le site de Zetika – un site Internet participatif ayant trait à la consommation responsable – au *www.zetika.com*.

Nettoyant tout usage à vaporiser

Mélangez 60 ml de vinaigre, 180 ml d'eau et 15 ml de savon liquide dans un vaporisateur.

Poudre à récurer

Mélangez 250 ml de bicarbonate de soude et 60 ml de borax dans un contenant à saupoudrer recyclé. Idéal pour nettoyer le bain, le lavabo et la toilette.

Nettoyant pour miroirs et fenêtres

Dans un vaporisateur, versez 45 ml de vinaigre et 500 ml d'eau chaude. Vaporisez le liquide sur les surfaces à nettoyer et essuyez-les avec un papier journal pour les rendre étincelantes.

▶ ***Où acheter ?*** *Si vous avez besoin d'acheter du borax ou des huiles essentielles pour concocter vos mélanges, visitez l'une des succursales du marchand Lemieux (www.nettoyants-ecolo-lemieux.com).*

Nettoyant à micro-ondes

Chauffez dans votre four à micro-ondes, pendant 2 minutes, quelques tranches de citron dans un bol d'eau. La vapeur se dégageant du mélange délogera les taches. Ensuite, essuyez l'intérieur du four à l'aide d'un chiffon humide.

Déboucheur de tuyaux

Versez 60 ml de bicarbonate de soude dans le drain bouché. Ajoutez 60 ml de vinaigre pour provoquer la réaction chimique désirée (ça ne fait que de petites bulles). Attendez 10 minutes et versez 500 ml d'eau chaude, voire bouillante, pour faire évacuer le mélange dans le drain. Répétez au besoin.

Déodorant à tapis, matelas et divans

Mélangez 60 ml de bicarbonate de soude et quelques gouttes d'huile essentielle dans un contenant à saupoudrer recyclé. Saupoudrez le mélange sur les surfaces et laissez-le agir quelques minutes avant de passer l'aspirateur.

LE TRANSPORT

Se déplacer, c'est essentiel. Mais ça coûte cher. Heureusement, à Montréal, plusieurs options s'offrent à vous.

Les transports en commun

Dans la métropole, métro et autobus fonctionnent de façon complémentaire. Le métro, plus rapide, se déplace à l'abri du trafic routier jusqu'à 30 m sous terre. Les autobus, dont le réseau est plus étendu, vous transportent dans les endroits les plus reculés de l'île, et ce, même la nuit.

▶ *Tous Azimuts. Pour connaître l'horaire et les trajets du transport en commun, utilisez le calculateur de trajets* Tous Azimuts *au* www.stm.info/azimuts. *Celui-ci propose jusqu'à trois trajets possibles pour effectuer vos déplacements.*

Tarification

À certaines conditions, les étudiants ont droit à des tarifs réduits. Visitez le site Internet de la Société de transport de Montréal au *www.stm.info* pour plus d'information. Pour acheter un titre de transport mensuel et bénéficier de passages illimités pendant tout un mois, vous devez obligatoirement vous procurer une carte OPUS (*www.carteopus.info*). Tous les titres donnent droit à une correspondance valide pour 2 heures. Si vous n'avez pas besoin du titre mensuel, achetez plusieurs billets à la fois avec la carte OPUS pour faire des économies. Petit conseil, si vous n'avez pas de billets, ayez la somme exacte lorsque vous prenez l'autobus, car on ne vous rendra pas la monnaie.

<table>
<tr><th colspan="6">GRILLE TARIFAIRE (2010)</th></tr>
<tr><th rowspan="2"></th><th rowspan="2">Titres de transport</th><th rowspan="2">Tarif ordinaire</th><th colspan="3">Tarif réduit
carte OPUS avec photo</th></tr>
<tr><th>6-11 ans et 65 ans +</th><th>12-17 ans</th><th>18-25 ans</th></tr>
<tr><td>En espèces</td><td>1 passage</td><td>2,75 $</td><td>1,75 $*</td><td colspan="2">2,75 $**</td></tr>
<tr><td rowspan="2">Billet à la carte</td><td>1 passage</td><td colspan="4">2,75 $**</td></tr>
<tr><td>6 passages</td><td colspan="4">13,25 $**</td></tr>
<tr><td rowspan="6">OPUS</td><td>1 passage</td><td>2,75 $</td><td colspan="2">1,75 $</td><td>2,75 $**</td></tr>
<tr><td>6 passages</td><td>13,25 $</td><td colspan="2">7,50 $</td><td>13,25 $**</td></tr>
<tr><td>10 passages</td><td>21,00 $</td><td colspan="2">12,00 $</td><td>21,00 $**</td></tr>
<tr><td>CAM hebdo (lundi au dimanche)</td><td>20,50 $</td><td colspan="2">11,25 $</td><td>20,50 $**</td></tr>
<tr><td>CAM 4 mois (4 mois consécutifs)</td><td>Non disponible</td><td colspan="3">148,00 $</td></tr>
<tr><td>CAM mensuelle (1er à la fin du mois)</td><td>70,00 $</td><td colspan="3">38,75 $</td></tr>
<tr><td rowspan="2">Carte 1 et 3 jours</td><td>1 jour</td><td colspan="4">7,00 $**</td></tr>
<tr><td>3 jours</td><td colspan="4">14,00 $**</td></tr>
</table>

* 6-11 ans: Carte OPUS non obligatoire (en espèces)

** Tarif ordinaire seulement

Points de vente

Vous pouvez charger votre carte OPUS à la loge d'un changeur dans le métro et dans les points de vente comme les dépanneurs, les pharmacies et les épiceries. Des distributrices automatiques de titres et des bornes de rechargement ont également été installées dans les stations de métro; elles acceptent les paiements par carte de débit ou de crédit. Les distributrices automatiques de titres acceptent aussi les paiements en espèces.

Lors de l'achat de titres, conservez votre reçu. Il constitue votre preuve d'achat et sera nécessaire si vous avez droit à un crédit d'impôt.

La marche

Marcher est un excellent moyen pour se mettre en forme et perdre du poids. La marche aère le cerveau et favorise la créativité. Au lieu de prendre l'autobus, si possible, utilisez vos deux jambes !

Le vélo

Le vélo connaît une popularité croissante à Montréal. La raison ? Notamment parce que se déplacer à vélo est une excellente façon de se mettre en forme et d'économiser. D'ailleurs, pour encourager les Montréalais à abandonner leur voiture, la Ville de Montréal a récemment investi des sommes importantes pour développer son réseau cyclable qui compte aujourd'hui quelque 500 kilomètres. La carte du réseau cyclable est disponible à la section *Cartes* du site Internet de la Ville de Montréal au *http://ville.montreal.qc.ca*. Comme vous n'avez pas besoin des modèles dernier cri pour faire vos déplacements en ville, voici de bonnes adresses pour acheter un vélo d'occasion.

> ***Conseil pour l'achat d'un vélo.*** ***Assurez-vous d'avoir un bon dérailleur et de bons freins, car la ville est parsemée de pentes abruptes.***

Bicycletterie JR

937 rue Bélanger E., à 600 m de Jean-Talon, 514-278-4016, www.cyclesjr.com

Au sous-sol de ce magasin se cache l'une des plus importantes collections de vélos d'occasion à Montréal. Vélos bas de gamme et haut de gamme disponibles.

> ***BIXI.*** ***Faire du vélo sans avoir à se préoccuper de l'entretien, des réparations et des risques de vol. Voilà ce que vous propose la société de vélos libre-service Bixi (www.bixi.com). Le système qui fonctionne du mois de mai au mois de novembre compte 5 000 vélos et 400 stations réparties autour du centre-ville de Montréal. Le prix : 78 $ par an, 28 $ par mois ou 5 $ par période de 24 heures, donnant droit à 30 minutes gratuites à chaque déplacement. Vous pouvez reprendre un vélo autant de fois que vous le voulez.***

Gene Vélo Sports

3235 rue Ontario E., à 800 m de Préfontaine, 514-525-2737

Sur le plancher, choisissez parmi une vingtaine de vélos bas de gamme.

Garantie Bicycle

857 rue Marie-Anne E., à 400 m de Mont-Royal, 514-527-3021

Cette entreprise a deux boutiques situées l'une à côté de l'autre. L'une d'elles vend des vélos neufs et des accessoires à prix compétitifs. L'autre a en montre une trentaine de vélos d'occasion bas de gamme.

ALERTE

Le vol de vélos est un véritable fléau en ville. Pour en réduire les risques, voici trois conseils à suivre.

- **Gardez votre vélo à l'intérieur de votre logement** lorsque vous ne l'utilisez pas. Les voleurs les plus audacieux grimpent même de balcon en balcon pour les dérober.
- **Utilisez un cadenas en *U*** de bonne qualité et verrouillez ensemble la roue avant et le cadre.
- **Cadenassez votre vélo dans des endroits passants.** C'est bien connu, les brigands n'aiment pas utiliser leurs outils devant des témoins.

Vélo urbain

4339 av. Papineau, Papineau, puis autobus 45, 514-750-1550, www.velo-urbain.ca

Cette boutique propose une trentaine de vélos d'occasion à partir de 100 $. Les vélos ont été inspectés, et une mise au point a été effectuée. Garantie d'un mois sur pièces et main-d'œuvre. On peut voir les photos des vélos sur le site Internet de l'entreprise.

SOS Vélo (marque Éco-vélo)

2085 av. Bennett, à 1,2 km de Viau, 514-251-8803

Organisme voué à la réinsertion sociale et professionnelle des jeunes de 18 à 30 ans, SOS Vélo récupère, répare et peinture les vélos que le public lui remet. Chaque année, plus de 3 000 bicyclettes sont remises en état. En magasin, trois gammes de vélos disponibles : vélos d'occasion (45 $ à 75 $), Éco-vélo (129 $ à 289 $) et Éco-vélo plus (plus de 289 $).

Ateliers communautaires de réparation de vélos

Pour réparer votre bicyclette, apprendre à le faire ou transmettre vos connaissances en mécanique, présentez-vous à l'un des ateliers suivants :

- Bqam au *bqam.org* (UQAM)
- Biciklo au *www.biciklo.ca* (UdeM)
- CRABE au *crabe.aeets.com* (ETS)
- Santrovélo au *www.santropolroulant.org* (4050 rue St-Urbain)
- The Flat au *theflat.wordpress.com* (Université McGill)
- Vélogik au *velogik.org* (2584 rue Jarry E.)
- Voie libre au *www.rtm-lvl.org* (Université Concordia)

Le taxi

Prendre le taxi au lieu des transports en commun peut être économique si vous partagez les frais avec plusieurs passagers. Aussi, au lieu d'acheter une voiture, combiner l'utilisation du taxi avec d'autres transports en commun peut se révéler être une solution économique. En effet, si, par année, utiliser une voiture d'occasion coûte environ 4 000 $, cela équivaut à près de 267 déplacements en taxi (15 $ ≈ 5 km). Donc, en combinant l'utilisation de taxis, disons tous les deux jours, et de transports en commun (465 $/an, tarif réduit STM), vous auriez accès à un chauffeur privé et à l'ensemble du réseau de métro et d'autobus en ville en tout temps, tout en dépensant moins d'argent qu'en utilisant votre propre véhicule.

Taxi Diamond
514-273-6331

Taxi Co-op
514-725-9885

Taxi Champlain
514-274-2435

Tarification des taxis

1. ***Au départ : 3,30 $***
2. ***Par km avec le client : 1,60 $***
3. ***Par minute d'attente : 0,60 $***

Il n'y a pas de tarif de nuit ou de fin de semaine. Le pourboire est facultatif, mais il est pratique courante d'en laisser un d'environ 10 %. Du centre-ville à l'aéroport international Pierre-Elliott-Trudeau, le coût du déplacement est d'environ 40 $. Notez que la solution la plus économique pour se rendre à cet aéroport ou pour le quitter est d'utiliser le réseau de la STM.

La voiture

Un étudiant, en voiture, à Montréal... ce n'est pas très logique. La voiture coûte cher, soit environ 4 000 $/an (voir la grille budgétaire p. 20). Elle est constamment prisonnière de la circulation urbaine, elle est difficile à stationner et elle pollue. Bref, ce n'est pas recommandé pour les petits budgets, les écolos et ceux qui veulent éviter le stress. Si, malgré tout, vous désirez absolument conduire votre propre véhicule, voici quelques trucs pour économiser.

Deux adresses pour vous aider à économiser

1. ***L'Office de l'efficacité énergétique (OEE) au* http://oee.nrcan.gc.ca*: pour tout savoir sur la conduite écoénergétique et pour comparer la consommation de carburant de certains véhicules.***
2. ***CAA Québec au* www.caaquebec.com*: assurance remorquage à bas prix et autres services pour votre automobile.***

- Avant d'acheter, vérifiez la consommation de carburant du véhicule et le prix de l'assurance.
- Achetez une voiture d'occasion, après lui avoir fait passer une inspection.
- Adoptez la conduite écoénergétique et entretenez votre véhicule. Vous trouverez de précieux conseils et une série vidéo à ce sujet sur le site Internet de l'OEE.
- Examinez, chaque mois, la pression des pneus, les fuites de liquide, les fils des bougies, etc.

Communauto

Vous désirez sortir de la métropole pour découvrir les régions du Québec ou tout simplement faire vos courses en ville ? Dans ce cas, Communauto peut s'avérer une excellente solution pour vos déplacements, car en vous abonnant à l'un de ses forfaits, vous accéderez à un impressionnant parc d'automobiles.

Comment ça marche ?

Les voitures de Communauto se louent à petit prix pour des périodes allant d'une demi-heure à une journée ou plus longtemps, selon vos besoins. Il faut cependant être âgé d'au moins 21 ans ou avoir 4 ans d'expérience de conduite et détenir un permis de conduire de classe 5 pour être membre. Les personnes de moins de 21 ans peuvent également y adhérer, s'ils habitent à la même adresse que leurs parents et qu'elles sont inscrites dans le cadre d'un abonnement familial.

Combien ça coûte ?

Selon le forfait choisi et le moment de la location, les tarifs varient de 11 ¢ à 34 ¢ par kilomètre, plus 1,60 $ à 5,95 $ l'heure. Les frais d'abonnement sont de 500 $ (remboursables à la fin de votre adhésion), mais on peut éviter ces frais en s'inscrivant au forfait *Le lièvre*. La grille tarifaire est disponible au *www.communauto.com*.

Vous avez un permis de conduire étranger ?

Si vous disposez d'un permis de conduire reconnu au Québec, vous êtes éligible au service de Communauto. L'entreprise n'exige pas que vous remplaciez votre permis étranger par le permis québécois. Le permis international n'est donc pas nécessaire, à moins que votre permis ne soit rédigé dans une autre langue que le français ou l'anglais. Lors de votre inscription, vous aurez aussi besoin d'une photocopie de votre passeport et d'une copie de votre visa de séjour.

Covoiturage

Puisqu'il est souvent plus économique et plus sympa de faire du covoiturage (Montréal-Québec, aller-retour, 40 $) que de prendre l'autocar (80 $), c'est une option à considérer.

- Allo-Stop : *www.allostopmontreal.com*
- AlternativAuto : *www.alternativauto.ca*
- Amigo Express : *www.amigoexpress.com*
- Covoiturage Montréal : *www.covoituragemontreal.com*
- Craiglist : *http://montreal.fr.craigslist.ca*

Location de voitures

Avantage de la location : la liberté de se déplacer où et quand on le veut. Par contre, pour les jeunes, louer un véhicule coûte cher. La raison : les jeunes conducteurs (21 à 25 ans) doivent payer un important supplément pour faire assurer la voiture. Les moins de 21 ans ne peuvent pas louer de voiture. Attention, les prix varient considérablement d'une agence à l'autre. Contactez au moins trois agences de location avant de faire votre choix. Méfiez-vous aussi des frais cachés.

- Auto Rental Canada : *www.autorentalcanada.com*
- AutoPlateau : *www.autoplateau.com*
- Avis : *www.avis.ca*
- Bazoo : *www.locationautobazoo.qc.ca*
- Budget : *www.budget.ca*
- Discount : *www.discountcar.qc.ca*
- Enterprise : *www.enterpriserentacar.ca*
- Gescom : *www.gescomlocation.com*
- Hertz : *www.hertz.com*
- Location Jean Légaré : *www.locationlegare.com*
- Thrifty : *http://cf.thrifty.com*
- Via Route : *www.viaroute.com*

L'autocar

Pour les déplacements interurbains, les étudiants peuvent compter sur deux compagnies d'autocars à Montréal. Ces compagnies ont la réputation d'être sécuritaires, ponctuelles et confortables. La gare d'autocars de Montréal est située au 505, boulevard De Maisonneuve Est, au-dessus de la station de métro Berri-UQAM. Attention, même si vous avez votre billet, celui-ci ne vous assure pas d'une place dans l'autocar. S'il est déjà plein à votre arrivée, vous devrez attendre le prochain départ (mais des départs sont prévus presque toutes les heures, tous les jours, pour la plupart des destinations populaires). Pour partir à l'heure prévue, présentez-vous au moins 45 minutes avant le départ.

Greyhound

514-842-2281, www.greyhound.ca

Greyhound est le plus grand transporteur interurbain par autocar au Canada et aux États-Unis. L'entreprise dessert notamment la ville de Boston, New York, Québec et Toronto. Les billets sont disponibles par Internet, à la billetterie de la gare ou dans un des distributeurs automatiques placés près des guichets. Sur présentation d'une carte valide d'étudiant international (ISIC au *www.carteisic.com* ou SPC au *www.spccard.ca*) ou d'une carte étudiante de votre établissement d'enseignement, vous obtenez une réduction allant jusqu'à 25 %. Consultez la rubrique « Aubaines et Rabais » du site Internet de la compagnie pour connaître les promotions en vigueur.

Orléans Express

514-842-2281, www.orleansexpress.com

Les autocars d'Orléans Express desservent, à partir de Montréal, la ville de Québec et les régions du Bas-du-Fleuve et des Maritimes. Vous pouvez acheter vos billets directement à la gare, par téléphone ou par Internet.

Le train

Le train a l'avantage d'être plus confortable que l'autocar, mais il est généralement moins rapide.

VIA Rail Canada

895 rue De La Gauchetière O., près de Ⓜ Bonaventure ou McGill, 514-989-2626, www.viarail.ca

VIA Rail compte 19 liaisons à travers le Canada dont Toronto, Ottawa, Québec, Jonquière et Vancouver. On offre des rabais aux étudiants sur présentation de la carte ISIC.

Amtrack

1-800-872-7245, www.amtrak.com

Aller simple Montréal-New York pour 69 $US. Durée du voyage : 11 heures (l'autocar est plus rapide). Le départ a lieu le matin. Pour en savoir plus, visitez le site Internet et faites quelques simulations avec les codes MTR (point de départ) et NYP (point d'arrivée).

L'avion

Voyager pendant ses études, quelle bonne idée ! Voici quelques trucs pour vous faire économiser sur le prix d'un billet d'avion.

Voyages Campus. Cette agence de voyages (*www.voyagescampus.com*) est spécialisée dans la vente de billets d'avion aux étudiants, et ses prix peuvent battre ceux des agences virtuelles. À Montréal, cette agence possède quatre succursales, toutes situées à deux pas des universités.

Saviez-vous que deux personnes volant en classe économique et voyageant aux mêmes dates et vers les mêmes destinations ne paient pas nécessairement le même prix pour leurs billets d'avion? La raison: le prix du billet dépend entre autres du moment de l'achat. Pour savoir si c'est le bon temps d'acheter, lancez une recherche sur le site www.kayak.com *et consultez les graphiques illustrant les dernières tendances sur les prix en cliquant sur* Show fare charts *(en haut à gauche de la page).*

Utilisez les métamoteurs de recherche sur Internet. Les métamoteurs, tels que Kayak (*www.kayak.com*), Bing (*www.bing.com/travel*), Momondo (*www.momondo.com*) et Mobissimo (*www.mobissimo.com*) sont des logiciels qui lancent une requête sur plusieurs moteurs de recherche à la fois. Ils vous aideront à trouver de bons prix pour vos billets d'avion.

Vérifiez si ce n'est pas moins cher d'acheter directement du transporteur aérien. En utilisant les métamoteurs de recherche, vous connaîtrez la compagnie aérienne qui effectue le vol vers votre destination. Pour éliminer un intermédiaire, vérifiez ensuite directement sur le site du transporteur aérien si le même billet d'avion est moins cher.

Principales compagnies aériennes

La liste complète des compagnies aériennes qui offrent des vols réguliers à partir de Montréal est disponible sur le site Internet de l'aéroport Montréal-Trudeau au *www.admtl.com*.

Vols réguliers

- Air Canada : *www.aircanada.com*
- Air France : *www.airfrance.com*
- American Airlines : *www.aa.com*
- British Airways : *www.britishairways.com*
- Continental Airlines : *www.continental.com*
- Delta Airlines : *www.delta.com*
- KLM : *www.nwa.com*
- US Airways : *www.usairways.com*

Vols charters

- Air Transat : *www.airtransat.com*
- Corsair Fly : *www.corsairfly.com*

Modifiez légèrement vos dates de départ et d'arrivée. Parfois en partant ou en arrivant une journée plus tard ou plus tôt que prévu, vous verrez que le prix du billet varie énormément. Faites différents essais et trouvez les dates les moins chères pour voler.

Les vols avec plus d'une escale sont généralement moins chers. Faire plus d'une escale pour arriver à destination allonge la durée de vos déplacements, mais cela peut vous faire épargner gros.

Vérifiez le prix des billets d'avion en fonction de différents aéroports. Pour les destinations aux États-Unis, les vols sont parfois moins chers à partir de Burlington (*www.burlingtonintlairport.com*) – à environ deux heures d'autocar – ou de Plattsburgh (*www.aeroportplattsburgh.com*) – à environ une heure d'autocar. Pour les vols internationaux, vérifiez les prix au départ de l'aéroport de New York (*www.kennedyairport.com*) – à environ sept heures d'autocar – ou de l'aéroport de Toronto (*www.gtaa.com*) – à environ six heures d'autocar.

Profitez des offres de dernière minute. Si vous êtes flexible sur la destination de votre voyage, vous pourriez épargner de l'argent en achetant vos billets quelques jours avant votre départ. Voici l'adresse de quelques agences virtuelles qui offrent des billets de dernière minute : Expedia (*www.expedia.ca*), Voyage à Rabais (*www.voyagesarabais.com*) et Voyages Destination (*www.voyagesdestination.com*). Certaines compagnies aériennes affichent aussi, sur leur site Internet, des tarifs réduits (voir l'encadré à la page précédente).

Voyagez léger. Pour ne pas payer de supplément pour vos bagages, informez-vous du poids maximal et du nombre de valises que vous avez le droit d'apporter sans frais.

LES TÉLÉCOMMUNICATIONS

Rares sont les étudiants qui n'ont pas succombé à la tentation d'avoir un téléphone portable, l'accès Internet à la maison et, pour les amateurs de télé, un abonnement à la télévision payante. Or, ces services, aussi pratiques soient-ils, coûtent cher. Pour économiser, privilégiez les options gratuites à votre disposition. Ensuite, limitez vos engagements en déterminant ce dont vous avez vraiment besoin.

Connexion à Internet et téléphonie résidentielle

Si l'accès au réseau sans fil de votre université, de la bibliothèque ou l'accès au réseau Wi-Fi non sécurisé de votre coloc ne vous suffit pas, voici quelques bonnes adresses de fournisseurs d'accès Internet. Certains d'entre eux offrent également la téléphonie résidentielle à bas prix.

Cooptel
1-888-532-2667, www.cooptel.qc.ca
Cette coopérative a de quoi plaire aux étudiants qui cherchent à encourager les entreprises qui véhiculent des valeurs sociales. Tarifs très concurrentiels sur la téléphonie et l'accès Internet.

▶ ***Procurez-vous un répondeur externe** (environ 15 $ dans les magasins d'électronique) pour éviter de payer l'option « boîte vocale » (5 $/mois) sur votre ligne téléphonique résidentielle.*

Distributel
1-877-258-6024, www.distributel.ca
L'entreprise propose un duo Internet à haute vitesse et la téléphonie résidentielle à un prix avantageux.

▶ ***Un truc.** Pour obtenir vos services moins chers d'une année à l'autre, vérifiez les offres des concurrents deux mois avant la fin de votre contrat. La compétition est si féroce dans ce secteur que votre fournisseur ne tardera pas à battre les offres des concurrents (l'astuce fonctionne aussi pour les abonnements au téléphone portable).*

Radioactif
514-582-9222, www.radioactif.com
Cette petite entreprise pratique d'excellents tarifs pour l'accès Internet haute vitesse. Avantage important : vous n'avez aucun contrat à signer, ce qui vous permet d'annuler votre entente sans frais.

Vif Internet
514-353-9988, www.vif.ca
Vif propose entre autres un service Internet intermédiaire à partir de 24,95 $/mois et un service haute vitesse à moins de 30 $/mois. Tous les forfaits Internet de Vif incluent une bande passante illimitée. Contrats mensuels.

▶ ***Conseil.** Avant de vous engager, calculez les frais du branchement, les frais de modem (s'il y a lieu) et les frais de rupture de contrat.*

Bell Canada
514-310-7873, www.bell.ca
Bell est la plus importante entreprise de télécommunications au Canada. Certes, elle n'a pas la réputation d'offrir le meilleur service à sa clientèle. Par contre, certaines promotions sont intéressantes pour l'Internet et la téléphonie résidentielle. Le hic : pour obtenir les bonnes promotions, il faut parfois s'engager pour un an ou deux. Donc, vérifiez les frais de rupture de contrat si vous pensez déménager.

Vidéotron
1-888-433-6876, www.videotron.com
Vidéotron propose des tarifs avantageux à ceux qui s'abonnent à plusieurs services à la fois (téléphonie, télévision par câble, Internet ou téléphone portable). La vraie question : de

quels services avez-vous vraiment besoin ? Pour ceux qui désirent naviguer à plein régime, l'entreprise fournit l'accès Internet à très haute vitesse.

▶ ***SPEED TEST.*** ***Pour tester la vitesse de votre connexion Internet, visitez le site* www.speedtest.net*. En quelques secondes, vous pourrez vérifier si votre fournisseur respecte ses engagements. Si la vitesse indiquée par le logiciel est inférieure à celle pour laquelle vous payez, téléphonez à votre fournisseur de services pour faire rectifier la situation.***

Interurbains

Pour faire un maximum d'économie sur vos appels interurbains, voici quelques trucs.

Téléphonie par Internet. Connaissez-vous Skype (*www.skype.com*) ? Il s'agit d'un logiciel permettant aux internautes de faire gratuitement leurs appels locaux et interurbains. Pour que cela fonctionne, vous et votre interlocuteur devez avoir installé le logiciel. Aussi, à l'aide de Skype, vous pouvez faire des appels interurbains vers un téléphone résidentiel ou un téléphone portable à peu de frais.

Solutions économiques par téléphone. Si vous faites régulièrement des appels interurbains avec votre téléphone résidentiel, vous économiserez en vous abonnant à un forfait auprès de votre fournisseur de services. Ou encore, vous pouvez choisir un fournisseur de services interurbains indépendant en faisant un code avant de faire vos appels interurbains. Vous n'avez aucun contrat à signer, et le coût de vos interurbains est ajouté à votre facture régulière. Pour en savoir davantage, visitez le site Internet de Yak au *www.yak.ca* ou de Telehop au *www.telehop.com*.

Le téléphone portable

Des forfaits complexes, des frais cachés qui diffèrent d'une entreprise à l'autre... choisir un forfait pour son téléphone portable n'est pas de tout repos. Pour faire le bon choix et éviter que votre facture n'explose à la fin du mois, voici quelques conseils, des précautions et des fournisseurs qui offrent des forfaits à moins de 30 $ par mois.

▶ ***Attention.*** ***Téléphoner le jour à l'aide d'un téléphone portable peut coûter cher, et lorsque vous tombez sur la mise en attente du gouvernement, de l'université, du garagiste, de votre distributeur d'électricité ou de gaz, vous gaspillez de précieuses minutes. Vous n'avez pas ce problème avec une ligne téléphonique résidentielle. Si vous optez pour un forfait cellulaire incluant peu de minutes gratuites le jour, conservez votre ligne téléphonique résidentielle.***

Étape 1: identifiez vos besoins

D'abord, avant de rencontrer un vendeur, **calculez** le montant exact que vous voulez dépenser chaque mois pour votre cellulaire. Ensuite, évaluez le plus précisément possible le nombre de textos et le nombre de minutes qui vous seront nécessaires le jour, le soir et les fins de semaine. Si vous avez de la difficulté à le faire, demandez à l'un de vos amis qui possède déjà un cellulaire de vous aider. Enfin, vérifiez par Internet laquelle des entreprises mentionnées ci-dessous répond le mieux à vos besoins.

> ▶ *Options qui font économiser. Un **afficheur** peut vous faire économiser si vous l'utilisez pour filtrer vos appels entrants et rappeler à partir d'un téléphone résidentiel. Aussi, la fonction **renvoi d'appel** achemine vos appels entrants vers un autre numéro de téléphone. C'est pratique lorsque vous êtes à la maison et que vous préférez utiliser votre téléphone résidentiel pour épargner les minutes de votre forfait.*

Étape 2: prépayé ou forfait?

Après avoir identifié vos besoins, vous devez choisir entre les formules prépayées ou les forfaits. Les formules prépayées s'adressent aux personnes qui utilisent très peu leur téléphone portable, car les minutes coûtent cher. Attention, avec une formule prépayée, vous pouvez perdre vos minutes restantes si vous ne réapprovisionnez pas votre compte à temps. Pour cette raison, les étudiants s'abonnent habituellement à un forfait mensuel.

Étape 3: prendre ses précautions

Avant de signer un contrat avec un fournisseur de téléphonie portable, il est important de savoir ceci.

- **Attention aux contrats à long terme (2 ou 3 ans).** Si vous perdez votre emploi, changez de fournisseur ou que le téléphone portable ne vous convient plus, sachez que les pénalités pour rupture de contrat sont élevées. Avant de vous engager, demandez au vendeur comment se calcule la pénalité.
- **Attention aux frais cachés.** Lisez attentivement les petits caractères dans les publicités, car les frais cachés peuvent être nombreux. Les principaux sont les frais d'activation (jusqu'à 30 $), les frais d'accès au réseau (jusqu'à 7 $/mois) et les frais d'urgence 911 (environ 1 $/mois).
- **Attention à la technologie du téléphone.** Il en existe deux: GSM (avec carte SIM) et CDMA (sans carte SIM). Si vous comptez utiliser votre téléphone à l'étranger, choisissez un fournisseur utilisant la technologie GSM, plus répandue à l'international. À l'étranger, faites débloquer votre téléphone portable (voir la bulle à la page suivante) et achetez une carte SIM dotée d'un numéro de téléphone local. Vous éviterez ainsi de payer des frais d'itinérance astronomiques à votre fournisseur.
- **Attention aux interurbains.** Hors de votre zone de couverture locale, votre fournisseur peut vous facturer des frais supplémentaires pour vos appels. Pour économiser,

utilisez une carte d'appels interurbains prépayée. Ces cartes sont vendues dans la plupart des dépanneurs. Visitez également le site de *www.yak.ca* pour vérifier si les forfaits interurbains que propose cette entreprise sont avantageux.

▶ ***Saviez-vous que** vous pouvez faire « débloquer » votre téléphone portable ? Une fois débloqué, il peut être branché au réseau sans fil d'un concurrent qui utilise la même technologie. Au centre-ville, l'entreprise City Mobility (www.citimobility.com) fait le travail en 5 minutes pour environ 40 $. Il existe aussi des codes sur Internet qui sont gratuits ou moins chers.*

Où porter plainte ?

Incapable de régler un problème avec votre fournisseur de services ? Contactez le Commissaire aux plaintes relatives aux services de télécommunications (CPRST) au *www.ccts-cprst.ca* ou au 1-888-221-1687.

Quelques fournisseurs

Voici quatre fournisseurs de services offrant des forfaits à moins de 30 $ par mois et des formules prépayées à prix compétitifs. Comme ces fournisseurs se livrent une lutte acharnée pour attirer la clientèle étudiante, comparer les offres peut vous faire épargner gros.

▶ ***Saviez-vous que** certains fournisseurs de services vendent des téléphones portables remis à neuf ? Ceux-ci sont vendus à une fraction du prix original et ressemblent en tout point aux derniers modèles mis sur le marché.*

Fido

1-888-481-3436, www.fido.ca
Facturation à la seconde, technologie GSM.
Pour la clientèle étudiante, Fido a la réputation de pratiquer parmi les meilleurs prix. C'est d'ailleurs Fido qui a le plus de points de service en ville.

Koodo

1-866-995-6636, www.koodomobile.com
Facturation à la seconde, technologie CDMA.
Koodo se distingue en offrant une importante réduction sur le prix annoncé d'un téléphone portable. Cependant, ce rabais produit une dette (une balance négative) qui se rembourse graduellement en fonction de vos dépenses mensuelles. Le hic : on ne sait pas précisément le moment où l'on n'aura plus aucune dette envers l'entreprise. Donc, avant de vous engager, sortez votre calculatrice.

Solo

1-877-999-7656, www.solomobile.ca
Facturation à la seconde, technologie CDMA.
Solo mobile est une marque déposée de Bell Canada. L'entreprise attire les consommateurs en introduisant continuellement de nouvelles offres promotionnelles. À vous de les saisir au bon moment.

Virgin Mobile
1-888-999-2321, www.virginmobile.ca
Facturation à la minute, technologie CDMA.
Virgin se distingue notamment par son offre diversifiée de forfaits prépayés mensuels. Les maniaques de textos peuvent y trouver un forfait illimité à partir de 20 $/mois.

LES VÊTEMENTS

Que l'on soit une victime de la mode ou que l'on ait horreur du magasinage, il faut de temps à autre s'acheter de nouveaux vêtements. Pour vous aider à faire des économies sans perdre votre temps à magasiner, nous avons regroupé des boutiques tendance et des magasins-entrepôts dans trois endroits (centre-ville, Carré Décarie, Marché Central) facilement accessibles en transport en commun. Si vous cherchez des vêtements d'occasion, les plus grandes friperies se trouvent habituellement dans les magasins de meubles d'occasion (voir p. 67). Bref, pour faciliter votre magasinage et vous éviter qu'il ne devienne étourdissant, voire exténuant, voici une sélection de magasins qui vous plairont.

Centre-ville

C'est inévitablement dans la rue Sainte-Catherine, l'artère commerciale la plus fréquentée de la ville, que vous trouverez le plus grand choix de boutiques, de grands magasins et de centres commerciaux à Montréal. Du chic hors de prix aux vêtements tendance fabriqués en Chine, il y a des vêtements pour tous les goûts et portefeuilles. Certes, le cœur de la rue est situé à la sortie de la station de métro McGill, mais on retrouve d'excellentes boutiques à partir de la rue Saint-Denis (station Berri-UQAM) jusqu'à la rue Peel (station Peel), une marche de 2 km.

▶ ***Attention !** Vous entrez dans une boutique où le prix des vêtements est soigneusement caché ? Vous comptez plus de vendeurs que de clients sur le plancher du magasin ? Dans les deux cas, vous n'êtes pas au bon endroit pour faire des économies. En magasinant dans les magasins-entrepôts ou les centres de liquidation, vous en aurez plus pour votre argent.*

BH Jeans
391 rue Ste-Catherine O., 514-544-0588, www.bhjeans.com
Depuis plus de 20 ans, BH Jeans se spécialise dans la fabrication et la vente de jeans, de hauts et d'accessoires pour jeunes femmes. Pour un look sexy, voilà une excellente boutique avec de bons prix.

H&M

450 rue Ste-Catherine O., 514-788-9535, www.hm.com

Présent dans plus d'une trentaine de pays, ce géant mondial conjugue mode et qualité à bon prix. Chaque rayon du magasin propose un concept différent qui semble plaire aux étudiants, puisque ce H&M est toujours achalandé. Aussi, vous y trouverez de nombreux accessoires (chapeaux, sandales, chaussures, etc.) pour deux fois rien.

> **Saviez-vous que** ***l'on consomme davantage lorsque la musique est forte ? Voilà pourquoi le volume de la musique est souvent excessivement élevé dans les bars ou les boutiques de vêtements tendance.***

Jacob Connexion

360 rue Ste-Catherine E., 514-842-9357, www.jacob.ca

Si vous aimez les vêtements de chez Jacob (vêtements tendance pour femmes), faites votre magasinage aux bannières Jacob Connexion ou Jacob Outlet pour faire des économies. Dans les boutiques régulières, le style est plus chic, et c'est plus cher.

> **Saviez-vous que** ***le prix élevé d'un vêtement n'est pas un indicateur de sa qualité ? Parfois, il sert uniquement à en donner l'impression, question de marketing. Ne vous y faites pas prendre.***

Labyrinthe

486 rue Ste-Catherine O., 514-861-3697, www.labyrintherock.com

Bien connue des groupies de Montréal, cette boutique offre un choix incomparable de chandails portant les logos de vos groupes de musique favoris. Plusieurs affiches (*posters*) sont aussi disponibles.

Les surplus d'armée

Les surplus d'armée vendent entre autres des sacs à dos, des t-shirts militaires, des bottes, des jumelles, des masques à gaz, des bâtons lumineux et des accessoires de camping à prix réduit. Voici deux surplus d'armée situés tout près de la station de métro Saint-Laurent.

Faire ses emplettes au chaud

Pour ceux qui ont horreur des grandes chaleurs ou des gros froids et qui préfèrent le confort de la climatisation et du chauffage électrique, trois centres commerciaux intérieurs (ils font partie de la célèbre ville souterraine) sont accessibles par la station de métro McGill : la Place Montréal Trust (*www.placemontrealtrust.com*), le Complexe Les Ailes (*www.complexelesailes.com*) et le Centre Eaton (*centreeaton.shopping.ca*). Notez que les boutiques que nous vous recommandons ne se trouvent pas dans ces trois centres commerciaux.

Canam

1423 boul. St-Laurent, 514-842-3465

Surplus St-Laurent

1611 boul. St-Laurent, 514-843-3040

La Baie, centre de liquidation

585 rue Ste-Catherine O., 514-281-4422, www.labaie.com

Au huitième étage de cet énorme magasin se trouvent de nombreux présentoirs remplis de chemises, de chandails, de pantalons, de t-shirts, etc. En fouillant un peu, vous êtes assuré de faire des économies puisqu'on liquide les vêtements de marque pour hommes et femmes à partir de 10 $.

Pantalons Supérieur

69 rue Ste-Catherine E., 514-842-6969

Véritable mini-entrepôt de jeans, Pantalons Supérieur est depuis longtemps reconnu en ville pour son choix de grandes marques de jeans (Parasuco, Buffalo, Guess, Diesel, etc.) vendus à des prix qui éloignent la concurrence. Par exemple, les populaires Levi's 501 se vendent au détail à partir de 45 $. Toutes les retouches sont faites sur place gratuitement.

> **L'Aubainerie.** ***Grand magasin où l'on vend des vêtements tendance et des accessoires (sous-vêtements, chaussettes, gants, etc.) à prix économique. Bon magasin pour acheter vos vêtements d'hiver à bas prix. Visitez le*** **www.aubainerieconceptmode.com** ***pour connaître l'adresse des succursales.***

Payless Shoe Source

625 rue Ste-Catherine O., 514-843-7406 et 705 rue Ste-Catherine O., 514-350-0184, http://canada.payless.com

Quoique le choix de chaussures soit parfois limité, Payless est l'un des meilleurs endroits pour acheter des chaussures de marque à bas prix (plusieurs modèles à moins de 50 $). Les chaussures à liquider sont classées par tailles, ce qui simplifie votre magasinage.

La Senza

677 rue Ste-Catherine O., 514-849-0104, www.lasenza.com

Voilà une excellente boutique pour les jeunes femmes qui cherchent une lingerie élégante à prix économique.

Simons

977 rue Ste-Catherine O., 514-282-1840, www.simons.ca

Spécialisé dans les vêtements sport et urbains, Simons est un grand magasin très convoité par les jeunes. Le choix est intéressant, et les prix sont concurrentiels pour des vêtements de cette qualité.

Smart Set

Complexe Desjardins, 150 rue Ste-Catherine O., 514-848-9955, www.smartset.ca

Petite boutique sympa où les jeunes femmes peuvent se procurer des vêtements tendance à prix abordable.

Stitches

750 rue Ste-Catherine O., 514-282-0642, www.stitchesonline.com

Dans les magasins Stitches, on trouve une gamme complète de vêtements d'allure sportive pour hommes et femmes. Stitches vise spécialement la clientèle étudiante.

7 trucs pour économiser sur vos dépenses en vêtements

1. ***Concevez de nouveaux ensembles avec les vêtements que vous avez déjà.***
2. ***Magasinez hors saison. Pour les vêtements d'été, achetez en automne et pour ceux d'hiver, au printemps.***
3. ***N'achetez pas au prix régulier. Ils sont souvent gonflés (voir l'encadré intitulé* Attention: stratégies commerciales, *p. 79), et les marchands font encore beaucoup d'argent lorsque l'article est vendu à moitié prix.***
4. ***Cherchez des coupons de réduction sur le site Internet des détaillants.***
5. ***Attention aux couleurs vives. Les vêtements très colorés se démodent rapidement.***
6. ***Prenez soin de vos vêtements. Pour éviter qu'ils ne s'abîment, lavez-les à l'envers.***
7. ***Apprenez à coudre pour réparer vos vêtements.***

Urban Behavior

488 rue Ste-Catherine O., 514-393-9413, www.urbanbehavior.com

Avec plus de 45 boutiques à travers le Canada, Urban Behavior plaira aux amateurs de mode urbaine. Pour avoir un look décontracté, sexy ou insolite, c'est une excellente boutique.

Winners

1500 av. McGill College, 514-788-4949, www.winners.ca

Winners est un grand magasin qui liquide des vêtements de marque qui n'ont pas été vendus dans les boutiques régulières. Certes, il faut être motivé pour trouver une pièce que l'on aime qui soit de la bonne taille, mais votre patience sera récompensée car vous payerez entre 40 % et 70 % moins cher.

Carré Décarie

Le Carré Décarie est un mégacentre commercial (avec places de stationnement gratuites) situé juste en face de la station de métro Namur. À coup sûr, les aubaines des magasins-entrepôts vous séduiront, car la marchandise est réduite de 20 % à 50 % par rapport aux boutiques régulières. Et détrompez-vous, ces magasins-entrepôts ne sont pas des foutoirs où la marchandise est mélangée au centre d'une grande table. En fait, ils ressemblent carrément aux boutiques régulières... en plus grand ! Les vêtements sont bien classés, l'apparence du magasin est impeccable, et les tailles sont généralement toutes disponibles.

Aldo PC

5445 rue des Jockeys, 514-733-1514, www.aldoshoes.com

Le groupe Aldo compte pas moins de 1 400 magasins de détail partout au Canada. Dans ce magasin-entrepôt, on liquide les chaussures chics, les bottes, les sandales et les articles de cuir qui n'ont pas été vendus dans les boutiques régulières.

Bedo Entrepôt

4908 rue Jean-Talon O., www.bedo.ca, 514-731-6095

Vêtements tendance pour hommes et femmes.

Le Château, centre de liquidation

5255 rue Jean-Talon O., 514-341-5301, www.lechateau.com

Le Château vend des vêtements tendance au look urbain et parfois un peu tape-à-l'œil. Pour avoir un look de week-end qui sort de l'ordinaire, c'est l'endroit où aller.

Cuir Danier Entrepôt

5425 rue des Jockeys, 514-341-0110, www.danier.com

Leader dans l'industrie de la fabrication et la vente d'articles de cuir et de suède, Danier propose un style chic et classique. Vous trouverez de tout dans ce grand magasin : pantalons, manteaux, jupes, robes, portefeuilles, ceintures, etc.

Mondo Chaussures

4912 rue Jean-Talon O., 514-733-4752

Force est de constater que l'immense choix de chaussures sport et chics de marque à prix réduit (plusieurs modèles à moins de 50 $) fait de Mondo Chaussures un magasin incontournable pour vous acheter de nouvelles chaussures.

Payless Shoe Source

5510 rue Jean-Talon O., 514-344-9266, http://canada.payless.com

Pour la description, voir p. 100.

Roots Entrepôt

5415 rue des Jockeys, 514-906-2823, http://canada.roots.com

Les vêtements de l'entreprise Roots ont depuis longtemps su séduire les sportifs à la recherche de vêtements décontractés. On propose aussi de nombreux accessoires, dont des montres, des sacs en cuir, des chapeaux, etc.

Stitches

5405 rue des Jockeys, 514-344-9600, www.stitchesonline.com

Pour la description, voir p. 101.

Walmart

5400 rue Jean-Talon O., 514-735-5295, www.walmart.ca

Pour ceux qui ne connaissent pas cette chaîne (ils habitent sur Mars ?), il s'agit d'un énorme magasin où l'on peut acheter à prix concurrentiel à peu près tous les articles indispensables à son logement. Un rayon est destiné spécifiquement aux consommateurs qui recherchent des aubaines sur les vêtements. Par contre, sur la question du respect des droits des travailleurs, l'entreprise semble assez froide à l'idée de permettre à ses employés de se syndiquer. À Jonquière, on aurait fermé boutique pour éviter la situation. Pour en savoir davantage, il faut lire notamment l'article suivant : *www.ledevoir.com/economie/80704/jonquiere-wal-mart-a-ferme-ses-portes.*

Winners

6900 boul. Décarie, 514-733-4200, www.winners.ca

Pour la description, voir p. 101.

Marché Central

Le Marché Central (*www.marchecentral.com*) est un mégacentre commercial situé dans le nord de la ville (station de métro Crémazie, puis autobus 54, 100 ou 146). Comme au Carré Décarie, plusieurs magasins-entrepôts vendent à rabais (de 20 % à 50 %) la marchandise qui n'a pas été vendue en boutique. Certes, plusieurs magasins-entrepôts présents au Marché Central se retrouvent aussi au Carré Décarie. Par contre, l'unique succursale à Montréal du grand magasin de sport Mountain Equipment Co-op (*www.mec.ca*) se trouve au Marché Central. Pour les sportifs et les amateurs de plein air, c'est un incontournable.

Aldo PC

1007 rue du Marché-Central, 514-858-9870, www.aldoshoes.com

Pour la description, voir p. 102.

Le Château Entrepôt

1007 rue du Marché-Central, 514-383-8926, www.lechateau.com

Pour la description, voir p. 102.

Cuir Danier Entrepôt

999 rue du Marché-Central, 514-382-4220, www.danier.com

Pour la description, voir p. 102.

Jacob Entrepôt

1007 rue du Marché-Central, 514-388-6035, www.jacob.ca

Pour la description, voir p. 99.

Mountain Equipment Co-op

8989 boul. de l'Acadie, 514-788-5878, www.mec.ca

Dans ce véritable temple du plein air, les amateurs de sport seront comblés par la gamme complète de vêtements et d'articles de sport. Certains affirment même que les prix dans cet énorme magasin font frémir les compétiteurs.

Payless Shoe Source

9191 boul. de l'Acadie, 514-388-9798, http://canada.payless.com

Pour la description, voir p. 100.

La Senza

1020 rue du Marché-Central, 514-383-5328, www.lasenza.com

Pour la description, voir p. 100.

Smart Set

999 rue du Marché-Central, 514-384-3841, www.smartset.ca

Pour la description, voir p. 100.

Stitches

9185 boul. de l'Acadie, 514-389-9257, www.stitchesonline.com

Pour la description, voir p. 101.

Tristan Entrepôt

999 rue du Marché-Central, 514-904-1639, www.tristanstyle.com

Selon son site Internet, Tristan dessine, fabrique et distribue des vêtements répondant aux besoins des hommes et des femmes qui souhaitent instinctivement projeter une image forte. Autrement dit, les vêtements BCBG de cette entreprise sont un peu chers à prix régulier. Heureusement, on peut faire d'intéressantes économies en allant à cet entrepôt.

Winners

815 rue Chabanel O., 514-382-7510, www.winners.ca

Pour la description, voir p. 101.

Partagez vos trucs et vos bonnes adresses pour économiser et vivre pleinement la vie étudiante à Montréal !

Envoyez vos suggestions à *etudiermontreal@ulysse.ca*.

Découvrez les meilleures contributions sur *www.guidesulysse.com/Etudier-a-Montreal*

et sur notre page Facebook : *www.facebook.com/GuidesUlysse*.

5

TRUCS, ASTUCES ET BONNES ADRESSES... EN VRAC

Bien sûr, quand on est étudiant, on ne fait pas qu'étudier ! On a besoin de se détendre, de prendre soin de son corps et de s'amuser. Voici de bonnes adresses pour obtenir des livres (et des manuels scolaires), des CD, des articles de sport, des instruments de musique, des lunettes de prescription, l'accès à un gym et à des professionnels (avocats, dentistes, comptables, coiffeurs), des journaux, des magazines, voir des films et faire des activités sans y laisser sa chemise.

ARTICLES D'OCCASION

Dans une société qui glorifie la surconsommation, les gens se débarrassent souvent de leurs trucs non pas parce qu'ils sont vieux et brisés, mais tout simplement parce qu'ils en ont acheté de nouveaux plus à la mode. Profitez-en pour faire des économies.

Livres et manuels scolaires

Vous avez cinq cours par session qui exigent tous l'achat de manuels scolaires. Et pendant vos temps libres, vous gobez des romans. Au bout du compte, ça coûte cher. Si les livres et les manuels scolaires que vous cherchez ne sont pas disponibles à la bibliothèque de votre université, plusieurs options s'offrent à vous pour épargner.

Vente de manuels scolaires à l'université

Au début de chaque session, votre université organise une vente de manuels scolaires d'occasion. Arrivez tôt car les quantités sont limitées. Notez que certains étudiants préfèrent vendre eux-mêmes leurs manuels, question d'éviter de payer la commission que se prend l'école sur chaque livre vendu. Donc, soyez attentif aux annonces placées sur les babillards. **Un truc:** pour diminuer vos dépenses en livres et en manuels scolaires, pourquoi ne pas vous créer un réseau de prêt entre étudiants ?

▶ ***Amateurs de sciences sociales.*** *L'Université du Québec à Chicoutimi a développé une bibliothèque numérique qui met gratuitement à votre disposition près de 4 000 œuvres des plus grands auteurs des sciences sociales. Les titres sont téléchargeables en fichiers DOC, PDF ou RTF. Visitez le* **http://classiques.uqac.ca.**

Librairies d'occasion en ligne

Chercher ses livres d'occasion dans le confort de son salon : voilà l'avantage des librairies d'occasion en ligne.

- Abebooks : *www.abebooks.com*
- AddAll : *www.addall.com*
- Alibris : *www.alibris.com*
- Amazon : *www.amazon.ca*
- Comptoir de livres usagés : *www.cam.org/~ycd/comptoir.html*

- Ebay : *www.ebay.ca*
- L'Ex-Libris : *www.lexlibris.com*
- Used Book Circle : *http://usedbookcircle.com*

Librairies d'occasion

Elles sont utiles pour acheter à bas prix un dictionnaire, des livres de grammaire, des romans ou les classiques de la littérature. Dans de rares cas, on y trouve des manuels scolaires. Pour ne pas perdre de temps à chercher un ouvrage, téléphonez avant de vous déplacer.

Argo Bookshop

1915 rue Ste-Catherine O., à 400 m de Guy-Concordia, 514-931-3442, http://argobookshop.ca
lun-ven 10h à 18h, sam 12h à 17h
La plus ancienne librairie de livres d'occasion en anglais en ville. Ses spécialités : manuels scolaires (McGill et Concordia), littérature et philosophie.

Librairie Astro

1844 rue Ste-Catherine O., à 300 m de Guy-Concordia, 514-932-1139, www.astrolib.com
Librairie anglophone spécialisée dans la science-fiction, les bandes dessinées, les films et les CD.

> ***Gourmands de culture.*** ***Certains amateurs de lecture, de films et de musique dépensent beaucoup d'argent pour assouvir leur fringale de culture. Or, cet appétit parfois insatiable peut considérablement grever votre budget. Au lieu d'acheter, pourquoi ne pas emprunter vos livres, vos CD et vos DVD à la bibliothèque ? Si vous tenez absolument à les acheter, faites-vous un budget et respectez-le.***

Bibliomania

460 rue Ste-Catherine O., local 406, à 400 m de McGill, 514-933-8156
lun-sam 14h à 18h
Librairie générale, principalement anglophone.

La Boite à Son

355 rue Emery, à 300 m de Berri-UQAM, 514-288-8180
lun-sam 12h à 21h
Librairie générale.

Chercheur de trésors

1339 rue Ontario E., à 600 m de Beaudry, 514-597-2529
lun-mer 12h à 18h, jeu et ven 12h à 21h, sam 12h à 17h
Librairie générale avec une petite section de CD.

Débédé

3882 rue St-Denis, à 500 m de Sherbrooke, 514-499-8477
lun-mer 10h à 18h, jeu et ven 10h à 21h, sam 10h à 18h, dim 12h à 18h
Des centaines de BD neuves et d'occasion.

Librairie Diamond

5035 rue Sherbrooke O., à 500 m de Vendôme, 514-481-3000
lun-sam 10h à 19h, dim 10h à 17h
Librairie anglophone de livres neufs et d'occasion. CD et DVD à prix réduit et affiches (*posters*) disponibles.

L'Échange
713 av. du Mont-Royal E., à 100 m de ⊛ Mont-Royal, 514-523-6389, www.cdechange.com
tlj 10h à 22h
Livres, CD, DVD, BD et jeux vidéo.

Librairie Henri Julien
4800 av. Henri-Julien, à 400 m de ⊛ Laurier, 514-844-7576
mar et mer 12h à 18h, jeu et ven 12h à 20h, sam 12h à 18h, dim 13h à 18h
Librairie générale. Livres de collection.

Bonheur D'Occasion
4487 rue De La Roche, à 500 m de ⊛ Mont-Royal, 514-522-8848
Librairie générale francophone.

Bouquinerie du Plateau
799 av. du Mont-Royal E., à 200 m de ⊛ Mont-Royal, 514-523-5628
tlj 10h à 22h
Depuis 20 ans, cette librairie vend entre autres des BD, des CD et des DVD.

La Bouquinerie St-Denis
4075 rue St-Denis, à 700 m de ⊛ Mont-Royal, 514-288-5567
Au rez-de-chaussée : livres de toutes sortes et livres rares. Au sous-sol : des livres en solde.

Colisée du livre
1809 av. du Mont-Royal E., ⊛ Mont-Royal, puis bus 97, 514-521-6118
tlj 10h à 21h
Trois étages de livres neufs, d'occasion et de livres soldés. Une section est réservée aux CD et aux vinyles d'occasion.

Encor'lire
4810 rue Wellington, à 600 m de ⊛ de l'Église, 514-767-2589
mar et mer 10h à 18h, jeu et ven 10h à 20h, sam 11h à 17h
Librairie bilingue. Ils ont de tout : de la philosophie aux livres de recettes.

Le Livre voyageur
3547 av. Swail, à 300 m de ⊛ Côte-des-Neiges, 514-736-0999
lun-mer 11h à 18h, jeu et ven 11h à 21h, sam et dim 11h à 17h
Librairie générale spécialisée en philosophie, en littérature et dans les classiques.

Marché du livre
801 boul. De Maisonneuve E., à 100 m de ⊛ Berri-UQAM, 514-288-4350, www.marchedulivre.qc.ca
tlj 10h à 21h
Librairie générale spécialisée en BD.

Mona Lisait
2054 rue St-Denis, à 600 m de ⊛ Sherbrooke, 514-849-0987, www.librairiemonalisait.com
lun-mer 11h à 19h, jeu et ven 11h à 21h, sam 11h à 19h, dim 11h à 18h
Librairie générale bilingue. On y retrouve aussi des BD, des CD, des jeux de société et des livres rares.

Odyssey
1439 rue Stanley, à 200 m de ⊛ Peel, 514-844-4843, www.odysseybooks.qc.ca
lun-jeu 10h à 18h, ven 10h à 20h, sam 11h à 18h, dim 12h à 17h
Librairie générale anglophone.

Plume chocolat

3275 rue Ontario E., à 900 m de Ⓜ Joliette, 514-564-6769
mar et mer 11h à 19h, jeu et ven 11h à 21h, sam et dim 11h à 17h
Libraire générale avec un coin café pour lecteurs aguerris.

Librairie Québécoise

924 rue Ste-Catherine E., à 400 m de Ⓜ Berri-UQAM, 514-848-9888
Librairie générale avec des CD, des vinyles et des cassettes.

Le temps de lire

3826 rue St-Denis, à 500 m de Ⓜ Sherbrooke, 514-284-3196, www.letempsdelire.com
lun-mer 10h à 20h, jeu-sam 10h à 21h, dim 11h à 20h
Livres neufs à prix réduit. On y liquide la marchandise invendue des éditeurs.

SW Welch Bookseller

225 rue St-Viateur O., Ⓜ Beaubien, puis bus 160, 514-848-9358, www.welchbooks.com
tlj 11h à 19h
Librairie générale principalement anglophone. Choix de BD en magasin.

Librairie Westcott

2065 rue Ste-Catherine O., à 500 m de Ⓜ Guy-Concordia, 514-846-4037
tlj 10h à 20h
Librairie générale principalement anglophone.

The Word

469 rue Milton, à 700 m de Ⓜ McGill, 514-845-5640
lun-mer 10h à 18h, jeu et ven 10h à 21h, sam 11h à 18h
Librairie générale principalement anglophone avec une section de romans en français.

Volume

277 rue Ste-Catherine E., à 400 m de Ⓜ Berri-UQAM, 514-844-3475, www.monvolume.com
lun-sam 10h à 21h, dim 11h à 20h
Choix de livres, CD, DVD, jeux vidéo et bandes dessinées d'occasion.

Librairies et disquaires

Incapable de trouver vos livres, CD ou DVD d'occasion ? Comparez les prix entre les grands magasins. Si vous cherchez des guides de voyage, des cartes ou des atlas, visitez l'une des boutiques d'Ulysse (*www.guidesulysse.com*).

- Chapters : *www.chapters.indigo.ca*
- Renaud-Bray : *www.renaud-bray.com*
- Olivieri : *www.librairieolivieri.com*
- HMV : *www.hmv.ca*
- Archambault : *www.archambault.ca*

CD d'occasion

Contraints par l'explosion du téléchargement légal et illégal de musique, les grands magasins de disques ont radicalement diminué le prix des nouveaux CD mis sur le marché. Par contre, il est parfois difficile de profiter des aubaines pour acheter des CD moins récents, d'où l'importance des magasins d'occasion. De plus, certaines de ces boutiques sont hyperspécialisées. À coup sûr, leurs vendeurs vous feront découvrir de nouveaux titres. Ces magasins achètent aussi les albums qui ont une valeur marchande.

Beatnick
3770 rue St-Denis, à 400 m de Sherbrooke, 514-842-0664, www.beatnickmusic.com
lun-mer 11h à 19h, jeu et ven 11h à 21h, sam et dim 11h à 18h
CD et vinyles neufs et d'occasion. Musique variée.

Cheap Thrills
2044 rue Metcalfe, à 200 m de Peel, 514-844-8988, www.cheapthrills.ca
CD et livres d'occasion en anglais.

Fox Troc
819 av. du Mont-Royal E., à 200 m de Mont-Royal, 514-521-9856
Musique pour tous les goûts.

Freeson Rock
1477 av. du Mont-Royal E., Mont-Royal, puis bus 97, 514-521-5159, www.freesonrock.com
Rock progressif, rock classique et métal.

L'Idée Fixe
3320 rue Ontario E., à 800 m de Préfontaine, 514-527-2121
CD, DVD et jeux vidéo.

Inbeat Record Store
3814 boul. St-Laurent, Sherbrooke, puis bus 144, 514-499-2063, www.inbeatstore.com
Musique électronique, vinyles et CD.

Marché du disque
793 av. du Mont-Royal E., à 300 m de Mont-Royal, 514-526-3575
Vinyles, CD et DVD.

L'Oblique
4333 rue Rivard, à 300 m de Mont-Royal, 514-499-1323
mar et mer 12h à 18h, jeu et ven 12h à 21h, sam 12h à 18h, dim 12h à 17h
Vinyles et CD neufs et d'occasion. Spécialisé dans la musique rock, alternative et émergente.

Primitive
3830 rue St-Denis, à 500 m de Sherbrooke, 514-845-6017
lun-mer 11h à 18h, jeu et ven 11h à 21h, sam 11h à 18h, dim 12h à 18h
Vinyles et CD. Musique variée.

Petites annonces sur Internet

Photo à l'appui, il est de plus en plus simple d'acheter en ligne les articles vendus par des particuliers. Sur les trois sites mentionnés ci-dessous, vous trouverez des accessoires informatiques, des appareils électroménagers, de l'équipement électronique, des meubles, des ordinateurs, des outils, des articles de sport, des instruments de musique, etc. N'hésitez pas à négocier avec le vendeur et vérifiez que les articles sont en bon état avant de les acheter.

- Craiglist : *http://montreal.fr.craigslist.ca*
- KIJIJI : *http://montreal.kijiji.ca*
- LES PAC : *www.lespac.com*

Avez-vous pensé au troc ?

L'organisme Troc-tes-trucs (*www.troctestrucs.qc.ca*) organise des activités de rencontres où les citoyens s'échangent des objets de toutes sortes. En apportant de la marchandise en bon état, vous obtenez des points qui sont échangeables contre des vêtements, des jouets, des plantes, des accessoires pour la maison, etc. Ces rencontres sont d'excellentes façons de faire des économies tout en encourageant la consommation durable et responsable. Et pour faire suite à cette initiative, pourquoi ne pas troquer avec vos amis et confrères d'études ?

Articles de sport

Les étudiants adorent faire du sport, mais s'équiper peut coûter cher. Pour faire des économies, avez-vous pensé à acheter de l'équipement d'occasion ? Voici deux excellents magasins d'articles de sport où l'on offre un vaste choix d'équipements neufs et d'occasion en bon état. Dans ces deux commerces, un service d'aiguisage et d'entretien pour les skis, les planches à neige et les patins est disponible à bas prix.

La Poubelle du ski

8278 boul. St-Laurent, à 800 m de Ⓜ Jarry, 514-384-3582, www.poubelleduski.ca

Les amateurs de sport de glisse sont nombreux à se donner rendez-vous dans cet entrepôt bondé d'équipement d'hiver. À bon prix, vous pouvez acheter des skis, des planches à neige et des vêtements.

Play it again sports

2100 boul. Décarie, à 400 m de Ⓜ Vendôme, 514-484-5150, www.playitagainsports.com

Ce grand magasin propose une gamme complète d'articles de sport d'occasion. On peut notamment y acheter de l'équipement de golf, de baseball, de softball, de hockey, de soccer, de football, de ski et de planche à neige.

Soldes annuels de skis et de planches à neige

Parfois, au mois de novembre, des ventes d'équipement de ski et de planche à neige sont organisées dans certaines universités de la ville. Étudiants et citoyens y apportent leur équipement dans l'espoir d'obtenir un prix raisonnable en échange de leurs biens. Pour savoir si un tel événement aura lieu cette année, contactez :

- **Université McGill**
  3480 rue McTavish, à 500 m de Ⓜ Peel, édifice William Shatner, salle de bal, 3e étage, 514-398-4400, poste 09975
- **Université de Montréal**
  Centre d'éducation physique et des sports (CEPSUM)
  2100 boul. Édouard-Montpetit, à 100 m de Ⓜ Édouard-Montpetit, 514-343-6150

Instruments de musique

Que vous ayez envie d'apprendre à jouer de la musique dans vos temps libres ou que vous étudiez en musique, vous épargnez de 30 % à 50 % en achetant de l'équipement d'occasion. Les magasins mentionnés ci-dessous proposent de la marchandise neuve et d'occasion.

Italmélodie

274 rue Jean-Talon E., à 300 m de Ⓜ Jean-Talon, 514-273-3224, www.italmelodie.com

Depuis 35 ans, Italmélodie présente une gamme complète d'instruments de musique. On peut également y louer de l'équipement de son. Des cours de musique sont offerts sur place.

▶ ***Partitions et leçons de musique gratuites.*** *Sur la Toile, téléchargez gratuitement les partitions de vos groupes favoris en visitant le* www.911tabs.com *(anglophone) ou le* www.partition101.net *(francophone). Pour apprendre à jouer une chanson, visionnez les leçons sur* YouTube.com *en tapant dans la fenêtre de recherche* Video Tabs *ou* Video Lesson, *suivi du nom de la chanson que vous désirez jouer. Des passionnés se sont filmés pour vous montrer comment jouer vos chansons préférées.*

Jacks Musique

77 rue St-Antoine O., à 200 m de Ⓜ Place-d'Armes, 514-861-6529, www.jacksmusique.com

Situé à deux pas de Steve's Music, cette boutique vend des guitares, des instruments à percussion, des amplificateurs et des accessoires de musique. Jacks achète, vend et répare.

Steve's Music

51 rue St-Antoine O., à 200 m de Ⓜ Place-d'Armes, 514-878-2216, www.stevemusic.com

Véritable institution à Montréal, Steve accueille les plus grands artistes de la scène québécoise. Sur le plancher, vous trouverez un choix exceptionnel de guitares, basses, amplificateurs, batteries, cuivres, instruments à cordes, livres, etc.

PRENDRE SOIN DE SOI

S'acheter des lunettes de prescription, se coiffer, prendre soin de son corps et de ses dents, se mettre en forme physiquement et psychologiquement, voilà des besoins essentiels auxquels vous devez répondre pour vous sentir bien dans votre peau. Sans compromettre la qualité des services reçus, voici quelques astuces et de bonnes adresses pour faire des économies.

Lunettes de prescription

C'est au moment où l'on a besoin de lunettes de prescription qu'on s'aperçoit qu'elles coûtent cher. Pour économiser, voici quelques bonnes adresses.

Opticien communautaire

Pour acheter des lunettes de prescription à un prix imbattable, contactez Philippe Rochette (*www.philipperochetteopticien.org* ou 514-303-4315). Avec votre examen de la vue en poche, cet opticien d'ordonnances peut trouver la monture de votre choix (elles sont toutes vendues à 69 $) et travailler les verres selon vos besoins (verres de plastique résistants aux égratignures et antireflet à 70 $, ajoutez 30 $ pour les amincir). Pour chaque paire de lunettes vendue, 10 $ sont remis à un organisme communautaire ou à une association étudiante.

Les chaînes d'opticiens

L'avantage de faire affaire avec les grandes chaînes : les promotions récurrentes. À prix « régulier », comptez environ 140 $ pour des lentilles de base (en plastique ésistant aux égratignures, mais ajoutez 60 $ pour l'antireflet). Les montures se vendent à partir de 100 $.

- Farhat : *www.farhat.com*
- Greishe & Scaff : *www.greiche-scaff.com*
- Iris : *http://iris.ca*
- LensCrafters : *www.lenscrafters.com*
- Le Lunetier : *www.lelunetier.com*
- Lunetterie New Look : *www.newlook.ca*

Par Internet

Si vous connaissez exactement vos besoins et que vous êtes confortable avec l'achat en ligne de produits d'ordonnance, visitez les sites Internet *www.clearlycontacts.ca* et *www.ebay.ca*. Vous pourriez ainsi mettre la main sur des montures de marque, incluant les verres, pour environ 250 $. Par contre, pour le service après-vente, il y a un risque.

Coiffure et soins esthétiques

Si votre coloc veut s'improviser coiffeur : fuyez ! Surtout s'il sort un bol avec une paire de ciseaux. Une meilleure option : se présenter dans une école de coiffure où des apprentis artistes de la chevelure facturent entre 4 $ et 12 $ pour une coupe (hommes et femmes). Le Collège Inter-Dec offre aussi des soins esthétiques (facial, manucure, pédicure, maquillage, etc.) à bas prix.

Académie Michel Eid

8812 rue Lajeunesse, à 200 m de Crémazie, 514-843-8470
lun-jeudi à 10h ; sur rendez-vous
Coupe pour hommes et femmes à 4 $.

Collège Inter-Dec

2000 rue Ste-Catherine O., 6e étage, à 500 m de Atwater, 514-939-4444, poste 4201, www.collegeinterdec.com
Coupe pour hommes à 8 $, femmes 12 $. Soins esthétiques : facial de base à 25 $, épilation complète des jambes à 20 $, soins des ongles à partir de 10 $, etc.

École de coiffure Internationale

4475 av. Van Horne, à 600 m de Plamondon, 514-737-5200, www.ecoledecoiffure.ca
lun-sam ; sur rendez-vous
Coupe pour hommes et femmes à 8 $.

▶ ***Jeunes hommes.*** ***Saviez-vous qu'il est habituellement plus économique de se raser à l'aide d'un rasoir électrique que d'utiliser des rasoirs jetables ? La raison : vous n'avez pas à acheter continuellement de nouvelles lames ni de crème à barbe. Et comme les rasoirs électriques sont régulièrement en promotion, comparez les prix des concurrents avant d'acheter.***

Salon de coiffure Mai Anh

6414 rue St-Hubert, à 300 m de Beaubien, 514-274-0290
lun-sam 9h à 17h ; sans rendez-vous
Coupe pour hommes et femmes à 8 $; coiffeurs professionnels.

Toute Beauté International Habiba

6010 rue St-Hubert, à 500 m de Beaubien, 514-374-1333
jeu 10h30 à 13h ; sur rendez-vous
Coupe pour femmes à 7,50 $.

Tornade Académie Coiffure

4675 rue St-Denis, à 200 m de Mont-Royal, 514-842-7222, www.tornade-coiffure.com
lun-mer 9h30 à 22h, jeu et ven 9h30 à 17h ; sur rendez-vous
Coupe pour hommes et femmes à partir de 7 $.

Tornade Académie Coiffure

1308 rue Fleury E., Sauvé, puis bus 140, 514-382-2021, www.tornade-coiffure.com
lun-ven 9h30 à 16h30, lun-mer 18h à 20h ; sur rendez-vous
Coupe pour hommes et femmes à partir de 7 $.

Unibeauté
760 rue Beaubien E., à 100 m de Ⓜ Beaubien, 514-273-4023
avec ou sans rendez-vous
Coupe pour hommes à 11 $ et femmes à partir de 15 $; coiffeurs professionnels.

École de coiffure Unisexe
7125 rue St-Hubert, à 300 m de Ⓜ Jean-Talon, 514-278-0440, www.ecoleunisexe.ca
lun-ven 9h à 16h ; sans rendez-vous
Coupe pour hommes et femmes à 12 $.

Les soins corporels féminins

Il faut être une femme pour savoir que l'on dépense beaucoup d'argent pour son hygiène. Or, vous pouvez faire des choix écologiques et économiques en utilisant certains produits lors de vos règles. La Diva Cup (*www.divacup.com*) est une coupe menstruelle en silicone qui remplace le tampon. La coupe se vend à environ 40 $ et dure plusieurs années. À Montréal, on peut notamment acheter la Diva Cup dans les magasins Lemieux (*www.nettoyants-ecolo-lemieux.com*) ou chez La Loba (6293 rue St-Hubert, 514-509-2818).

Aussi, les serviettes hygiéniques en coton, en chanvre ou en bambou, remplacent les serviettes jetables et coûtent entre 7 $ et 13 $ chacune aux endroits mentionnés ci-dessus. Pour les nettoyer efficacement, procurez-vous un détache-sang.

Cliniques dentaires

Vous avez besoin d'un examen ou d'un bon nettoyage, voire d'un pontage ? Des étudiants universitaires en médecine dentaire effectuent des examens et des interventions pour la moitié du prix suggéré par l'Association des dentistes du Québec. Pour être retenu par ces cliniques, vous devez remplir un formulaire d'admission. Les cas trop difficiles sont refusés et, comme il y a entre quatre et six mois d'attente, prenez un rendez-vous dès la rentrée scolaire.

Faculté de médecine dentaire de McGill
1650 av. Cedar, 3e étage, salle A3-101, Ⓜ Guy-Concordia, puis bus 165, 514-934-1934, poste 47717, www.mcgill.ca/dentistry/clinic/mccall

Faculté de médecine dentaire de l'Université de Montréal
Pavillon principal de l'Université de Montréal, Ⓜ Université-de-Montréal, 1er et 2e étages de la partie Est, 514-343-6750, www.medent.umontreal.ca

Conditionnement physique

Les gyms privés « branchés » offrent habituellement des rabais étudiants. Mais il y a mieux pour faire des économies.

Le centre sportif de l'université

Les étudiants universitaires ont la chance d'avoir accès au centre sportif de leur campus où différentes activités sont accessibles gratuitement ou à prix réduit.

Les **activités récréatives** se déroulant à la piscine, à la salle d'entraînement, à la piste de jogging, au mur d'escalade, aux terrains de badminton ou de squash, etc., sont souvent accessibles gratuitement.

Pour les **activités dirigées** (aérobie, natation, yoga, ballet, cyclisme, danse, cours de massage, plongée, etc.), il faut payer un supplément. Attention : le nombre d'inscriptions aux activités dirigées est limité. Informez-vous dès la rentrée scolaire de la date d'inscription et arrivez tôt le premier jour de l'inscription.

Finalement, des **sorties de plein air** (camping, randonnées à pied, randonnées en raquettes, etc.) sont aussi organisées. D'ailleurs, certaines universités sont propriétaires de sites enchanteurs, notamment dans les forêts du Québec.

Les centres communautaires

La principale différence entre les centres communautaires et les centres sportifs universitaires : les premiers sont plus petits. Autrement, la qualité des cours et des équipements est comparable. C'est donc un bon plan B si les activités dirigées de l'université affichent complet. Aussi, des cours de langues sont toujours offerts à bas prix. Visitez le site Internet de la Ville de Montréal (*http://ville.montreal.qc.ca*) pour connaître l'adresse du centre communautaire le plus près de votre logement.

Santé physique et psychologique

Personne n'est à l'abri d'un problème de santé. On peut aussi avoir besoin d'aide pour passer à travers des moments difficiles. Voici quelques adresses pour vous aider.

Info-santé : composez le 811
Pour un problème de santé non urgent, le numéro 811 permet de joindre un professionnel qui peut vous conseiller. Pour les urgences, c'est le 911.

Centre anti-poison
1-800-463-5060

Centre local de services communautaires (CLSC)

Les CLSC sont des établissements qui offrent à la population locale des services de santé et des services sociaux dans une approche de prévention. Le personnel du CLSC peut également vous aider à vous orienter vers les bons services publics de santé pour répondre à vos besoins. Pour connaître le CLSC situé près de votre résidence, consultez le *www.indexsante.ca/CLSC*.

Problème de dépendance (alcool, drogue et jeu)

Plusieurs organismes

Ministère de la Santé et des Services sociaux du Québec
www.dependances.gouv.qc.ca

Tel-jeunes

1-800-263-2266, http://teljeunes.com

Le service Tel-jeunes est une ressource gratuite, confidentielle et accessible en tout temps pour les jeunes du Québec. Au téléphone ou sur Internet, des professionnels sont disponibles pour répondre à vos questions et vous aider dans des situations difficiles.

Jeunesse, J'écoute

1-800-668-6868, www.jeunessejecoute.ca

Ce service bilingue, gratuit et anonyme, est accessible jour et nuit par téléphone et par Internet. En contactant l'organisme, des intervenants professionnels vous fourniront un soutien immédiat et chaleureux.

Suicide Action

514-723-4000, www.suicideactionmontreal.org

Suicide Action Montréal propose notamment des services aux personnes suicidaires, à leur entourage et aux personnes touchées par un suicide.

Cliniques médicales pour le dépistage de MTS

Certaines universités disposent de cliniques médicales où vous pouvez vous faire examiner. Si vous n'avez pas envie d'y croiser un collègue de classe, voici d'autres cliniques spécialisées dans le dépistage de MTS. Téléphonez pour connaître les heures sans rendez-vous et le prix de certains traitements.

- **Clinique de l'Actuel**
  1001 boul. De Maisonneuve E., à 200 m de Beaudry, 514-524-1001, www.cliniquelactuel.com
  Sans rendez-vous.

- **Clinique de l'Alternative**
  2034 rue St-Hubert, à 500 m de Sherbrooke, 514-281-9848, www.cliniquedelalternative.com
  Sans rendez-vous.

- **Clinique médicale de La Cité**
  300 rue Léo-Pariseau, 9e étage, Place-des-Arts, puis bus 80, 514-281-1722
  Sans rendez-vous.

- **Clinique du Quartier Latin**
  905 boul. René-Lévesque E., à 500 m de Berri-UQAM, 514-285-5500, www.cliniquequartierlatin.ca
  Sans rendez-vous.

- **Clinique Mont-Carmel**
  933 boul. René-Lévesque E., à 600 m de Berri-UQAM, 514-282-9197
  Avec rendez-vous.

- **Centre d'intervention SIDA**
  1801 boul. De Maisonneuve O., 4e étage, à 100 m de Guy-Concordia, 514-934-0534, poste 7420
  Dépistage anonyme et gratuit du VIH. Sans rendez-vous: lundi et mercredi de 14h à 17h. Téléphonez pour prendre un rendez-vous hors de cette plage horaire.

DES SERVICES UTILES

Vous aimez lire des magazines et des journaux ? Désormais, la plupart sont gratuits sur Internet. Vous avez besoin de l'aide d'un avocat pendant vos études ? Des associations étudiantes, des associations communautaires et des agences gouvernementales peuvent vous aider. Et vos impôts ? Vous n'en payez pas ou peu, mais vous devez tout de même remplir les formulaires du gouvernement. Voici comment le faire gratuitement.

Journaux et magazines de la métropole

Voici des trucs pour lire journaux et magazines sans que ça vous coûte un rond (ou presque).

Les bibliothèques

Tous les matins, les bibliothèques municipales et universitaires reçoivent plusieurs exemplaires des journaux et des magazines. Profitez-en.

S'abonner à rabais

Si vous tenez absolument à détenir une version papier d'un journal ou d'un magazine, visitez le site Internet de l'entreprise Rabais Campus au *www.rabaiscampus.com*, qui offre d'alléchantes réductions aux étudiants (rabais de 40 % à 80 % sur le prix en kiosque).

Journaux distribués gratuitement

Il y en a plusieurs. On les retrouve à l'entrée des stations de métros ou dans les commerces. Ils sont aussi accessibles en ligne gratuitement.

- ***24 heures*** *(www.24hmontreal.canoe.ca)*. Quotidien.
- ***Hour*** *(www.hour.ca)*. Hebdomadaire culturel en anglais.
- ***Journal Métro*** *(www.journalmetro.com)*. Quotidien.
- ***Voir*** *(www.voir.ca)*. Hebdomadaire culturel.

Sur Internet

Plusieurs journaux autrefois payants livrent désormais une partie importante de leurs articles sur Internet. Voici les principales publications qui couvent l'actualité de la métropole.

Le Devoir
www.ledevoir.com
Journal d'actualités quotidiennes. Sa spécialité : une analyse fouillée de la politique québécoise et canadienne.

The Gazette
www.montrealgazette.com
Journal anglophone d'actualités quotidiennes. Il est un des plus anciens quotidiens d'Amérique du Nord.

Journal de Montréal
www.canoe.com/journaldemontreal
Le journal populaire de la métropole. C'est le journal le plus courant dans les cafés et les restaurants.

La Presse
www.cyberpresse.ca
Ce journal d'actualités quotidiennes est l'un des plus lus au Québec.

Les Affaires
www.lesaffaires.com
Maniaques de la finance et d'économie ? Voilà où trouver les nouvelles, en temps réel.

L'Aut'Journal
www.lautjournal.info
Journal très critique de l'actualité politique et économique, il s'annonce comme indépendant (des lobbys), indépendantiste et progressiste. Chaque mois, une version papier du journal est distribuée gratuitement, notamment à la station de métro Berri-UQAM.

Cliniques juridiques

Vous avez un problème juridique, mais n'avez pas les moyens de vous payer un avocat ? Des associations universitaires et des organismes communautaires peuvent vous aider à vous orienter dans vos démarches judiciaires ou dans un questionnement d'ordre juridique. Les consultations sont gratuites et entièrement confidentielles. Pour vous aider, vous pourriez aussi consulter les associations coopératives d'économie familiale qui offrent parfois des services d'aide juridique (voir p. 37)

Bureau des services juridiques de l'Université de Montréal
3200 rue Jean-Brillant, bureau B-2202, à 400 m de Université-de-Montréal, 514-343-7851, http://www.droit.umontreal.ca/services/services_juridiques.html
mar 14h15 à 15h30 et 18h15 à 19h30, mer 14h15 à 15h30, jeu 14h15 à 15h30 et 18h15 à 19h30
Depuis plus de 20 ans, sous la supervision d'une équipe de juristes, le Bureau des services juridiques offre un service de consultation juridique aux membres de la communauté universitaire. Les services fonctionnent de la façon suivante : une première entrevue vous permet d'exposer votre problème juridique et, une semaine plus tard, lors d'une seconde entrevue, les étudiants vous informent des résultats de leurs recherches. Sur rendez-vous.

Clinique juridique de l'UQAM
209 rue Ste-Catherine E., local V-R505, à 400 m de Saint-Laurent, 514-987-6760, www.cliniquejuridique.uqam.ca
Cette clinique offre au grand public de l'information juridique qui touche la plupart des domaines, sauf le droit criminel. Si l'on accepte d'étudier votre cas, une équipe d'étudiants sera assignée à votre problème, et un rendez-vous pour une entrevue sera fixé par téléphone dans les semaines suivantes.

Clinique d'information juridique de McGill

3480 rue McTavish, à 500 m de Ⓜ Peel, 514-398-6792, http://mlic.mcgill.ca
lun-ven 9h à 17h

Cette clinique bilingue d'information juridique fournit entre autres de l'information juridique aux Montréalais. Les étudiants qui gèrent la clinique se sont donné comme engagement de subvenir notamment aux besoins des groupes marginaux.

Clinique juridique du Mile-End

99 rue Bernard O., Ⓜ Rosemont, puis bus 161, 514-274-3401, www.justicemontreal.org
mer 18h à 19h

Cette clinique donne aux personnes à faible revenu des consultations sur une base individuelle avec des avocats et des étudiants en droit. Aucun rendez-vous n'est nécessaire. Les juristes de la clinique peuvent accompagner les clients en cour lors des procédures judiciaires ainsi que lors des rencontres avec des avocats de l'Aide juridique.

Association du Jeune Barreau de Montréal

445 boul. St-Laurent, bureau 325, à 400 m de Ⓜ Place-d'Armes, 514-954-3450, www.ajbm.qc.ca

Cette association donne des consultations pour vous aider dans vos démarches à la Cour du Québec, division des petites créances, à la Commission des relations du travail et à la Régie du logement. Pour remplir une demande de consultation, cliquez à la rubrique « Service au public » du site Internet de l'association.

Option consommateurs

2120 rue Sherbrooke E., Ⓜ Sherbrooke, puis bus 24, 514-598-7288, www.option-consommateurs.org
lun-ven 9h à 17h

Cette association a pour mission de promouvoir et de défendre les intérêts des consommateurs. Si vous avez une question d'ordre juridique en matière de consommation (problème de facturation, de logement, de pratiques commerciales trompeuses, de vol d'identité, etc.), des avocats peuvent vous aider à faire valoir vos droits.

▶ ***L'Office de la protection du consommateur** a notamment pour mission d'informer les consommateurs et de recevoir leurs plaintes. Donc, en cas de pépin avec un commerçant, jetez un coup d'œil sur son site Internet (www.opc.gouv.qc.ca) ou téléphonez au 514-253-6556. Les principaux sujets traités par l'Office : les véhicules, l'habitation, les meubles et les électroménagers, l'informatique et l'électronique, les biens personnels, les voyages, les finances et les assurances, et les services et les abonnements.*

***Un modèle de mise en demeure** est disponible sur son site Internet au* **www.opc.gouv.qc.ca/Documents/Publications/Support/Modele_Mise_en_demeure.pdf.**

Faire ses impôts gratuitement

À la main: c'est toujours gratuit. Le formulaire du gouvernement fédéral est disponible sur le site Internet de l'Agence du revenu du Canada au *www.cra-arc.gc.ca*. Le formulaire du gouvernement du Québec est disponible sur le site Internet de Revenu Québec au *www.revenu.gouv.qc.ca*.

En ligne: ImpôtRapide au *http://impotrapide.intuit.ca* et ImpôtExpert au *www.impotexpert.ca* permettent aux étudiants à faible revenu d'utiliser leur logiciel simplifié pour remplir les formulaires du gouvernement.

Cliniques d'impôts universitaires: au mois de mars, les facultés de gestion des universités en organisent. Recherchez-en les publicités à l'université.

LOISIRS

Pour reposer votre matière grise et vous adonner à vos loisirs sans grever votre budget, voici quelques suggestions d'activités sympas que vous pouvez faire pour pas cher. Vous trouverez aussi des trucs pour épargner lorsque vous sortez dans les bars et les discothèques de la ville.

Festivals et activités

Montréal vibre d'animation tout au long de l'année. Été comme hiver, les festivals s'enchaînent, faisant de la ville un endroit excitant et toujours animé.

Festival international de jazz de Montréal

www.montrealjazzfest.com

Les deux premières semaines de juillet, prenez un bain de foule en plein centre-ville et écoutez la musique des meilleurs artistes de jazz de la scène mondiale. Les spectacles extérieurs sont gratuits.

Festival Juste pour rire

www.hahaha.com

Pendant presque tout le mois de juillet, de l'animation et une foule de spectacles humoristiques gratuits vous attendent au centre-ville.

▶ *À la recherche d'une activité sympa ? Consultez la rubrique « Quoi faire » du site Internet de Tourisme Montréal au* **www.tourisme-montreal.org**. *Vous y trouverez une foule de renseignements sur les événements en cours en ville.*

Festival international Nuits d'Afrique

www.festivalnuitsdafrique.com

De la mi-juillet à la fin juillet, le Festival international Nuits d'Afrique organise une manifestation musicale majeure de la culture africaine. Une série de spectacles et d'ateliers de musique, de danse et de percussion sont offerts gratuitement au parc Émilie-Gamelin, à proximité de la station de métro Berri-UQAM.

FrancoFolies de Montréal

www.francofolies.com

Au milieu du mois de juin, assistez aux prestations des meilleurs groupes francophones de l'heure dans les rues du centre-ville. Dans un site réservé temporairement aux piétons, plus de 180 spectacles extérieurs gratuits vous feront vivre une expérience unique, en français.

Célébrations de la Fierté

http://fiertemontrealpride.com

Vers le milieu du mois d'août, la communauté homosexuelle de Montréal organise les festivités les plus excentriques de la ville dans le fameux Village gay. Homosexuels et curieux de partout dans le monde viennent assister ou participer aux différentes activités (théâtre, activités sportives, spectacles, partys, etc.). Ces quelques jours hauts en couleur culminent avec une parade qui ne vous laissera pas indifférent.

> ▶ ***Connaissez-vous la carte Accès-Montréal?*** ***Au prix de 7 $, cette carte permet aux Montréalais d'obtenir d'intéressants rabais sur une multitude d'activités en ville. Musées, théâtres, concerts, spectacles sont offerts à prix réduit aux abonnés. Par exemple, la carte offre 40 % de rabais sur l'accès au Biodôme, à l'Insectarium, au Jardin botanique et au Planétarium, et 20 % de rabais pour la visite du musée d'archéologie Pointe-à-Callière. Pour les amateurs d'histoire, ce musée est un incontournable.***

Festival Montréal en lumière

www.montrealenlumiere.com

Les deux dernières semaines du mois de février, le centre-ville est inondé d'activités festives, artistiques et gastronomiques. Du matin jusque tard dans la nuit, glissez sur une chambre à air dans une montagne de neige, réchauffez-vous près des feux extérieurs et dansez! Pendant les deux week-ends de ce festival, on peut également assister à des spectacles de son et de lumière et de cirque. Pour vous déplacer entre les 165 sites d'activités organisées, des navettes sont mises à votre disposition gratuitement lors de la « Nuit blanche ».

Fête des Neiges

www.fetedesneiges.com

Fin janvier et début février, on propose au parc Jean-Drapeau de la glissade sur chambre à air, du patin et même de la planche à neige. L'entrée est gratuite, mais certaines activités sont payantes.

Journées de la culture

www.journeesdelaculture.qc.ca

À la fin du mois de septembre, pendant les Journées de la culture, plusieurs musées, théâtres et autres visites historiques sont accessibles sans frais.

Tam-tams

Tous les dimanches à partir du début du mois de mai jusqu'à la fin septembre, les amateurs de tambours et de danse africaine se rencontrent au pied du mont Royal. Le site est idéal pour danser, se lancer un frisbee ou tout simplement relaxer. Pour vous y rendre, sortez à la station de métro Mont-Royal, marchez vers l'ouest en direction de la montagne et suivez la musique.

Piknics électroniks

http://piknicelectronik.com

Tous les dimanches, de la fin mai à la fin septembre, au parc Jean-Drapeau, profitez du beau temps en écoutant de la musique électronique. Le site est facilement accessible par métro (station Jean-Drapeau) et offre une vue imprenable sur la ville. Le prix d'entrée est de 10 $.

Théâtres et concerts

Le premier endroit pour voir des pièces de théâtre ou assister à un concert, c'est l'université. Les étudiants en théâtre ou en musique donnent régulièrement des prestations gratuites ou à très bas prix, et la qualité des représentations est excellente. Si vous désirez assister à une pièce hors du campus, voici quelques trucs pour épargner.

La Vitrine

145 rue Ste-Catherine O., 514-285-4545, http://vitrine.cyberpresse.ca

Voilà l'endroit où acheter des billets de spectacles professionnels «dernière minute». Les billets sont vendus jusqu'à la moitié du prix.

Les salles de théâtre

Habituellement, les théâtres de la ville prévoient des rabais pour les étudiants. Aussi, quelques minutes avant la représentation, si tous les billets n'ont pas été vendus, certains théâtres réduisent considérablement le prix des billets restants pour les étudiants. Voici les principaux théâtres de la métropole.

- Centaur : *www.centaurtheatre.com* ; 514-288-3161
- Denise-Pelletier : *www.denise-pelletier.qc.ca* ; 514-253-8974
- Espace Go : *www.espacego.com* ; 514-845-4890
- La Licorne : *www.theatrelalicorne.com* ; 514-523-2246
- Quat'Sous : *www.quatsous.com* ; 514-845-7277
- Place des Arts (5 salles) : *www.pda.qc.ca* ; 514-842-2112
- Rideau Vert : *www.rideauvert.qc.ca* ; 514-844-1793
- Nouveau Monde : *www.tnm.qc.ca* ; 514-866-8668
- Outremont : *www.theatreoutremont.ca* ; 514-495-9944
- St-Denis : *theatrestdenis.com* ; 514-849-4211

Orchestre symphonique de Montréal

260 boul. De Maisonneuve O., 2e étage, Place-des-Arts, 514-842-9951, www.osm.ca

Une semaine avant le concert, selon les places disponibles, les étudiants de 25 ans et moins, munis de leur carte étudiante, peuvent se procurer des billets à 10 $ à la billetterie de l'OSM.

Chapelle historique du Bon-Pasteur

100 rue Sherbrooke E., Sherbrooke ou Saint-Laurent, 514-872-5338, www.ville.montreal.qc.ca/culture (section «Arts de la scène»)

La chapelle historique du Bon-Pasteur est une des salles de récital et de musique de chambre les plus prestigieuses de Montréal. Chaque mois, on y organise une exposition reliée aux arts et à la musique et, chaque saison, la chapelle présente des concerts de musique classique, contemporaine ou de jazz. On y propose également des concerts, des auditions publiques, des ateliers d'interprétation ainsi que des conférences données par des musicologues de renom. L'entrée est gratuite pour tous les événements, sauf si une activité est présentée par un producteur indépendant. Pour vous assurer d'une place, vous devez vous procurer un laissez-passer. L'accès est libre pour les expositions.

Cinémas

Prix d'entrée dans les grandes salles de Montréal: 11 $. *Popcorn* (maïs soufflé): 5 $. Un petit format de boisson gazeuse gros comme une piscine: 4 $. Pour connaître les films à l'affiche dans les grandes salles de la métropole, visitez le site Internet de l'entreprise Cinéma Montréal au *www.cinemamontreal.com*. Voici comment dépenser moins pour voir de bons films.

À l'université

Certaines universités sont dotées d'une salle de cinéma.

- UdeM: Ciné-campus au *www.sac.umontreal.ca*
- Polytechnique: Cinécessaire au *http://step.polymtl.ca/~cinecess*

Vous aimez les films engagés? L'association montréalaise à but non lucratif Cinema Politica organise la projection de films politisés dans les universités. Les films ont été réalisés par des Canadiens ou des étrangers. Visitez le **www.cinemapolitica.org**.

Dollar Cinéma

6900 boul. Décarie, à 500 m de Namur, 514-739-0536, www.dollarcinema.ca

Les films sont à 2 $, le maïs soufflé et la boisson gazeuse à 1 $. C'est évidemment le cinéma le moins cher en ville. On présente les films, habituellement en anglais, qui viennent tout juste de quitter les grandes salles.

Les mardis à moitié prix. Les mardis, la plupart des grandes salles de la métropole réduisent de moitié le prix de leurs billets.

Le cinéma Beaubien

Petit et charmant, ce cinéma est constitué en organisme à but non lucratif. Sur présentation de la carte privilège étudiante de la STM, le prix d'entrée est de 9 $ en tout temps, et vous pouvez aussi acheter une carte qui permet d'assister à huit films pour 56 $.

> ▶ **Astuce.** ***Vous désirez louer un film, mais il n'est pas disponible à la vidéothèque de l'université ou à la bibliothèque municipale ? La solution la plus économique : Nikovideo. Ce club vidéo automatisé est probablement l'endroit le moins cher en ville pour louer un film récemment mis en marché. Les coûts de location commencent à 1 $, et l'on paie rarement plus de 3 $ pour les nouveautés. Pour connaître les succursales de Niko, visitez son site Internet (www.nikovideo.com).***

Les bars et boîtes de nuit

Même en faisant trois années d'études universitaires à Montréal, on a peu de chances de réussir à faire le tour des bars de la métropole. Voici de bonnes adresses pour danser, prendre un verre, jouer au billard ou même s'offrir un *afterhour*. Pour connaître d'autres adresses, visitez le site *www.montrealplus.ca* ou le site du *NightLife Magazine* au *www.nightlifemagazine.ca*.

Prendre un verre et discuter

Généralement, dans les bars suivants, il n'y a pas de frais d'entrée. Pour épargner, informez-vous des promotions en visitant leur site Internet.

Les 3 Brasseurs

Plusieurs succursales, www.les3brasseurs.ca

Le succès de cette microbrasserie : la bière non pasteurisée, fabriquée et brassée sur le site même du restaurant, sous les yeux des clients. Ambiance sympathique et décor européen. Les cacahouètes sont gratuites, mais en consommer vous incite à boire davantage. C'est évidemment l'une des raisons qui expliquent pourquoi on vous les donne.

L'Amère à boire

2049 rue St-Denis, à 300 m de Ⓜ Sherbrooke, 514-282-7448, www.amereaboire.com

Cette brasserie artisanale fait partie des microbrasseries de la métropole où l'on fabrique et vend de la bière sur place. Avec son toit cathédrale et son décor intérieur de briques, cet établissement offre une ambiance invitante. L'été, profitez de sa terrasse.

L'Barouf

4171 rue St-Denis, à 500 m de Ⓜ Mont-Royal, 514-844-0119

Pour écouter des matchs, discuter tranquillement en épiant l'activité de la rue Saint-Denis ou pour jouer au *baby-foot*, le bar L'Barouf se distingue notamment des autres bars de la rue par le charme de son décor.

Le Saint-Sulpice

1680 rue St-Denis, à 300 m de Ⓜ Berri-UQAM, 514-844-9458, www.lesaintsulpice.ca

Comptant pas moins de 10 bars en été et 7 en hiver, le Saint-Sulpice possède probablement la plus grande terrasse en ville. Elle est presque toujours bondée.

Peel Pub

1196 rue Peel, ⓜ Peel ou Bonaventure, www.peelpub.com

Regarder un match sportif dans une ambiance festive, manger de la pizza et des ailes de poulet à un prix dérisoirement bas et boire l'un des pichets de bière les moins chers en ville, voilà exactement ce qui vous attend au Peel Pub.

Quai des brumes

4481 rue St-Denis, à 200 m de ⓜ Mont-Royal, 514-499-0467

Véritable institution de la rue Saint-Denis, le Quai des brumes est un bon endroit pour prendre un verre dans un décor chaleureux orné de boiseries. Des prestations musicales y ont lieu presque tous les soirs. Pour gagner un peu d'argent, les artistes passent le chapeau.

Pub Saint-Ciboire

1693 rue St-Denis, à 200 m de ⓜ Berri-UQAM, 514-843-6360, www.pubsaint-ciboire.com

Ce bar organise des soirées de musique, d'humour, d'improvisation, de percussions, de débat politique, des lancements d'albums et de vidéoclips, des expositions et plus encore. Sa terrasse peut accueillir jusqu'à 320 personnes. Musique québécoise la fin de semaine et musique rock et groove en semaine.

L'Escalier

552 rue Ste-Catherine E., à 100 m de ⓜ Berri-UQAM, 514-670-5812, http://lescaliermontreal.com

Café engagé où l'on peut déguster de la cuisine créative végétarienne. Ouvert de 10h à 3h du matin. Des spectacles musicaux y sont régulièrement organisés.

Le P'tit bar

3451 rue St-Denis, à 300 m de ⓜ Sherbrooke, 514-281-9124, www.ptitbar.com

Le P'tit Bar offre depuis une vingtaine d'années des spectacles de chansons francophones. Sept soirs par semaine, découvrez des auteurs-compositeurs-interprètes ou d'excellents interprètes. On y fait jouer notamment les chansons de Georges Brassens, Boris Vian, Léo Ferré, Serge Gainsbourg, Barbara, Jacques Brel, Félix Leclerc, Joe Dassin, Nino Ferrer, etc.

La Distillerie

Deux succursales : 300 rue Ontario E., à 500 m de ⓜ Berri-UQAM, 514-288-7915 et 2047 av. du Mont-Royal E., ⓜ Mont-Royal puis bus 97, 514-523-8166, www.pubdistillerie.com

Probablement le meilleur endroit en ville pour boire un *mojito*. Ambiance festive et amicale. Musique pop et alternative.

Ste-Elisabeth

1412 rue Ste-Élisabeth, ⓜ Saint-Laurent ou Berri-UQAM, 514-286-4302, www.ste-elisabeth.com

Ce pub de style européen possède l'une des plus belles terrasses de la ville. Un véritable jardin secret. L'hiver, profitez de l'ambiance chaleureuse que crée son foyer.

Petit Medley

6206 rue St-Hubert, à 200 m de ⓜ Beaubien, 514-271-7887, www.lepetitmedley.ca

Pour prendre une bière et relaxer, apprendre à danser le swing ou encore pour assister à des spectacles (à l'étage,) rendez-vous au Petit Medley, un endroit très fréquenté par les étudiants universitaires.

El Zaz Bar

4297 rue St-Denis, à 300 m de ⓜ Mont-Royal, 514-288-9798, www.zazbar.com

Petit bar très chaleureux (ambiance tropicale) pour prendre un verre et danser. La petite piste de danse est toujours bondée. Musique pop et musique du monde.

Pour écouter de la musique alternative

Amoureux invétéré de guitares électriques, voici de bonnes adresses pour en écouter.

Bar Baloos

403 rue Ontario E., à 300 m de Ⓜ Berri-UQAM, www.barbaloos.com

Bar alternatif où l'on présente souvent des spectacles. Une superbe terrasse vous attend à l'arrière.

Café Chaos

2031 rue St-Denis, Ⓜ Berri-UQAM ou Sherbrooke, www.cafechaos.qc.ca

Au Café Chaos, on joue de la musique punk, hardcore et métal. Chaque soir, des groupes de la relève ou indépendants donnent un spectacle à l'étage. Caractéristique du bar : il s'agit d'une coopérative de travail où les employés possèdent tous une part de l'entreprise.

Foufounes électriques

87 rue Ste-Catherine E., à 300 m de Ⓜ Saint-Laurent, www.foufounes.qc.ca

Véritable institution de la scène underground à Montréal, le bar les Foufounes électriques (les Foufs, pour les intimes) a accueilli les plus grands groupes alternatifs, tels Nirvana, Smashing Pumpkins, Green Day et bien d'autres. Trois étages de musique et de la boisson à prix raisonnable vous feront vibrer jusqu'au milieu de la nuit.

Bar le Syndrome

5777 boul. St-Laurent, www.barlesyndrome.com

Bar rock alternatif avec de bons DJ. Prix réduits le vendredi et le samedi.

Pubs irlandais

Voici deux bonnes adresses où vivre l'ambiance chaleureuse caractéristique du pays de la bière noire.

Hurley's Irish Pub

1225 rue Crescent, Ⓜ Peel ou Lucien-L'Allier, 514-861-4111, www.hurleysirishpub.com

Dans ce pub de deux étages aux nombreuses petites pièces, on offre 18 sortes de bières pression. Les murs de pierres et les armoiries vous donneront l'impression d'être en plein cœur de Dublin. Musique irlandaise moderne et traditionnelle.

Mckibbin's Irish Pub

1426 rue Bishop, Ⓜ Guy-Concordia, 514-288-1580, www.mckibbinsirishpub.com

Dans ce pub au charme rustique, on organise des soirées de karaoké. C'est aussi un bon endroit pour regarder un match et s'offrir un repas à bas prix.

Bars-billards

Pour se divertir entre amis ou apprendre à connaître une nouvelle personne, quoi de mieux qu'une partie de billard ?

Sharx Pool Bar & Bowling

1606 rue Ste-Catherine O., à 200 m de Ⓜ Guy-Concordia, 514-934-3105, www.sharx.ca

Au Sharx, 36 tables de billard et 10 allées de bowling automatiques vous attendent pour vous amuser. Décor moderne.

Istori Resto Bar Billard

486 rue Ste-Catherine O., local 100, à 400 m de Ⓜ *McGill, 514-396-2299, www.istori-bar.com*
Istori propose une formule gagnante pour vous amuser: tables de billard espacées, écran géant, piste de danse les jeudis et vendredis et salon VIP. On y organise aussi des tournois de billard.

Bars avec chansonniers

Si vous aimez assister à des spectacles de musique francophone tout en chantant et dansant, voici deux bonnes adresses.

La boîte à Marius

5885 av. Papineau, Ⓜ *Rosemont, puis bus 197, 514-274-9090, www.laboiteamarius.com*
Assistez à des spectacles d'excellents chansonniers dans l'une des ambiances les plus festives de la ville. Transpiration et plaisir garantis!

Les Deux Pierrots

104 rue St-Paul E., à 500 m de Ⓜ *Champ-de-Mars, 514-861-1270, www.lespierrots.com*
Depuis une trentaine d'années, les chansonniers des Deux Pierrots ensorcèlent les foules dans une ambiance survoltée. Arrivez tôt car les deux étages du bar ne suffisent pas pour répondre à la demande.

Boîtes de nuit

Montréal compte un nombre impressionnant de boîtes de nuit. Et malgré leur nombre, elles sont toutes surchargées les jeudis, vendredis et samedis soirs. Comme la tenue de ville est obligatoire, on laisse les baskets et la casquette à l'appart et on se met sur son 36. Pour épargner sur les frais d'entrée, arrivez tôt car après 23h les prix sont souvent majorés. Les filles peuvent parfois entrer gratuitement dans les boîtes de nuit, selon les promotions (*Ladies Nights*).

Club 1234

1234 rue de la Montagne, Ⓜ *Peel ou Lucien-L'Allier, 514-395-1155, www.1234montreal.com*
Boîte de nuit haut de gamme pouvant accueillir jusqu'à 1 500 personnes. Elle est équipée d'un système de sonorisation et d'éclairage de pointe. Des DJ d'envergure internationale y donnent des prestations.

737 Altitude

1 Place Ville Marie (coin René-Lévesque et University), Ⓜ *McGill, 514-397-0737, www.promoclub737.com*
Situé sur le toit de la Place Ville Marie, le quatrième plus haut gratte-ciel de la ville, le 737 offre une vue impressionnante sur la métropole. Terrasse ouverte toute l'année et deux planchers de danse.

Balroom Bar

3643 boul. St-Laurent, Ⓜ *Saint-Laurent ou Sherbrooke, 514-282-7665, www.balroombar.com*
Le Balroom est un vaste établissement qui compte trois bars et une piste de danse. Des DJ font jouer divers styles de musique: house, R&B, hip-hop, reggae. Aucun vêtement chic requis.

S'éclater sans se ruiner

Sortir prendre un verre (ou deux ou trois...) et danser dans les boîtes de nuit fait souvent partie intégrante du mode de vie des étudiants. En fait, c'est une excellente façon de se défouler après une dure semaine d'examens. Mais, pour ne pas que ces soirées intenses ne deviennent un gouffre financier, voici comment économiser sans se priver outre mesure.

Avant de se rendre au bar

- Faites-vous un budget **avant** de commencer à consommer.
- Apportez uniquement le montant d'argent que vous désirez dépenser.
- Laissez votre carte de crédit et votre carte de débit à l'appartement.
- Ayez de la monnaie pour être libre de donner un pourboire raisonnable : 1 $ par consommation est largement suffisant, mais comptez plutôt 2 $ pour un pichet de bière.
- Au cas où vous feriez une belle rencontre, apportez des condoms pour ne pas acheter ceux vendus dans les toilettes.
- Évitez les endroits où vous devez payer des frais d'entrée.
- Prévoyez le retour en transport en commun pour ne pas payer de taxi.
- Buvez une bière à la maison pour en consommer moins au bar (conducteurs s'abstenir).

Une fois au bar

- Commandez de la bière pression. Elle est moins chère que la bière en bouteille et est généralement servie en plus grande quantité.
- Consommez l'alcool en promotion et osez demander les offres spéciales de la soirée.
- Diminuez les pourboires versés en commandant moins souvent de plus grandes quantités.
- Si vous n'avez plus d'argent, arrêtez de consommer et dansez !
- N'utilisez pas les guichets ATM qui se trouvent au bar (jusqu'à 5 $ par utilisation).
- N'empruntez pas d'argent à vos amis.

Après le bar

- Marchez plutôt que de prendre un taxi.
- Évitez de manger de la *junk food* ou au pire, partagez un plat. Souvent, les portions individuelles peuvent remplir plus d'un estomac.
- Au resto, demandez de l'eau du robinet, qui est gratuite.

Le Belmont

4483 boul. St-Laurent, à 700 m de Ⓜ Mont-Royal, 514-845-8443, www.lebelmont.com

Au Belmont, vous pouvez prendre un verre et relaxer dans une salle avec écrans géants ou danser dans une autre salle sur les derniers tubes et de la musique francophone.

Club La Boom

1254 rue Stanley, Ⓜ Peel ou Bonaventure, 514-866-5463, www.clublaboommontreal.com

Trois salles pour vous amuser jusqu'au milieu de la nuit : la Silver Room pour danser, le Club Lounge pour écouter la musique des années 1980, du francophone, du rock, etc., et la White Room pour vibrer et danser sur de la musique latino-américaine.

Café Campus

57 rue Prince-Arthur E., Ⓜ Sherbrooke ou Saint-Laurent, www.cafecampus.com

Bar hyper populaire auprès des étudiants. Sa force : les soirées thématiques. Mardi : rétro. Jeudi : les Hits-moi. Vendredi et samedi : soirées pour danser. Et les très fameux dimanches francophones. Arrivez tôt pour ne pas faire la longue, longue file d'attente.

Club La Folie

7500 boul. Viau, Ⓜ Saint-Michel puis bus 141, ou Ⓜ Viau, puis bus 132, www.clublafolie.com

Immense piste de danse où des DJ locaux et de calibre international se déchaînent en musique. Pour les amateurs d'*afterhours* (3h à 10h du matin), le club Sunrise est situé dans le même immeuble, mais vous devez payer un supplément pour y accéder.

Au Diable Vert

4557 rue St-Denis, à 200 m de Ⓜ Mont-Royal, www.audiablevert.net

Musique pop et piste de danse intime, le tout dans un décor rouge envoûtant. Bref, l'ambiance idéale pour faire de nouvelles rencontres. Le Diable Vert est réputé pour ses jeudis soir explosifs.

Electric Avenue

1469 rue Crescent, Ⓜ Peel, Guy-Concordia ou Lucien-L'Allier, 514-285-8885, www.clubsmontreal.com

La meilleure musique des années 1980, au cœur du centre-ville.

Karma

4467 boul. St-Laurent, à 700 m de Ⓜ Mont-Royal, 514-658-5761

Musique électronique mixée par des DJ invités.

La Mouche

1284 rue St-Denis, à 200 m de Ⓜ Berri-UQAM, 514-686-1283, www.lamouche.ca

Située au cœur du Quartier latin, la boîte La Mouche offre un décor moderne et des jeux de lumière intéressants. La musique : le Top 40 et les dernières trouvailles des DJ.

Cabaret La Tulipe

4530 av. Papineau, Ⓜ Mont-Royal, puis bus 97, ou Ⓜ Papineau, puis bus 45, 514-529-5000, www.latulipe.ca

Ancien Théâtre des variétés, le Cabaret La Tulipe est reconnu pour ses soirées thématiques : les vendredis Pop 90 et les samedis Pop 80. On peut aussi assister à des spectacles musicaux d'artistes locaux et internationaux.

Light Ultra Club

2020 rue Crescent, à 400 m de Ⓜ Peel, 514-288-2888, www.lightultraclub.com

Deux étages de musique house, R&B et hip-hop dans un décor moderne. Les vendredis et samedis, la musique diffusée par les DJ est radiodiffusée à la station Virgin (95,9 FM).

Club Loft

1405 boul. St-Laurent, à 100 m de Ⓜ Saint-Laurent, Tél. : 514-281-8058, www.clubleloft.com

Au Loft, vous avez accès à quatre environnements : une salle avec musique hip-hop, une salle avec musique house, une salle alternative et, pour vous reposer (un peu) les oreilles, une terrasse sur le toit.

Orchid Night Club

3556 boul. St-Laurent, Ⓜ Saint-Laurent ou Sherbrooke, 514-848-6398, www.orchidnightclub.com

Un système de sonorisation de 30 000 watts, un jeu de lumière « intelligent », une immense piste de danse et des DJ réputés qui créent un environnement électrisant.

À la Queue Leu-Leu

140 rue St-Paul E., à l'étage, à 800 m de Ⓜ Champ-de-Mars, 514-393-0274, www.queueleuleu.ca

Située dans le Vieux-Montréal, cette discothèque bavaroise propose un concept unique et écologique : les ventes d'alcool se font principalement en canette d'aluminium ! Des bacs à recyclage dispersés à l'intérieur permettent à la clientèle de disposer de leurs cannettes vides. La discothèque organise annuellement plusieurs événements pour les étudiants de McGill, de l'UQAM et de l'UdeM.

Radio Lounge

3553 boul. St-Laurent, Ⓜ Saint-Laurent, puis bus 55, 514-281-6913, mtl.radiolounge.ca

Le Radio Lounge compte trois étages où l'on fait jouer les tubes de l'heure. Synchronisés à la musique, les vidéoclips des artistes sont diffusés sur plusieurs écrans. Décor moderne et complètement rénové. Les jeudis, il y a des promotions pour les étudiants.

Rouge Bar

7 rue Prince-Arthur O., Ⓜ Saint-Laurent ou Sherbrooke, 514-282-9944

Les DJ du Rouge Bar explorent tous les styles musicaux, du rock des années 1980 au Top 40 de l'heure. Le bar propose une ambiance intime et confortable au rez-de-chaussée et, à l'étage, une piste de danse qui fait vibrer les fêtards aux rythmes effrénés de la musique house et R&B.

Tokyo Bar

3709 boul. St-Laurent, à 600 m de Ⓜ Sherbrooke, 514-842-6838, www.tokyobar.com

Le Tokyo possède deux salles différentes. La salle principale est composée d'une immense piste de danse, de deux bars et d'endroits pour s'asseoir et discuter. La plus petite salle, plus relaxante, est équipée d'un bar et de canapés. Une terrasse est chauffée sur le toit. Mercredis et jeudis soirs avec musique rock, vendredis et le week-end avec DJ invités.

Club Seven

1432 rue Crescent, Ⓜ Peel, Guy-Concordia ou Lucien-L'Allier, 514-845-3922, www.clubseven.ca

Dans un décor ultramoderne, le Club Seven propose cocktails et service de bouteilles aux tables. L'ambiance est chaude, et le décor est sombre et séducteur. L'atmosphère d'inspiration *lounge* vous invite à prendre un verre ou à vous déhancher aux sons de la musique house.

Les bars et les clubs du Village

La communauté gay et lesbienne de Montréal est notamment regroupée dans le fameux Village gay (stations de métro Beaudry et Papineau). Les bars et les boîtes de nuit du Village ont la réputation d'être parmi les meilleurs endroits en ville pour faire la fête. En voici une courte liste.

Cabaret Chez Mado

1115 rue Ste-Catherine E., à 300 de Ⓜ Beaudry, 514-525-7566, www.mado.qc.ca

Bars avec spectacles de *drag-queens* animés par la très colorée Mado. Soirées karaoké.

Club Unity

1171 rue Ste-Catherine E., à 100 m de Ⓜ Beaudry, 514-523-2777, www.clubunitymontreal.com

Avec ses trois salles, son salon VIP et sa grande terrasse sur le toit, le Club Unity est reconnu pour être un endroit de qualité. Ses DJ locaux et internationaux, ses spectacles, son système de sonorisation et d'éclairage attirent une clientèle fidèle qui aime s'amuser, danser et découvrir les nouvelles tendances musicales.

Drugstore

1360 rue Ste-Catherine E., à 400 m de Ⓜ Beaudry, 514-524-1960, http://ledrugstore.com

Sur six étages, cette boîte de nuit ressemble à un petit Times Square avec les enseignes de néon et les logos d'entreprise qui tapissent ses murs. Elle peut accueillir jusqu'à 1 000 personnes. Des évènements et des soirées spéciales sont organisés (concours de chant, karaoké, travestis, etc.). Deux terrasses, une salle de billard et deux étages consacrés à la danse.

▶ ***Black and Blue.*** ***Au mois d'octobre, le festival Black and Blue est une semaine remplie d'environ 60 activités pour la communauté gay et hétérosexuelle. Spectacles, évènements artistiques et sportifs et un défilé ont lieu durant la semaine. Dimanche soir, au menu : un afterhour d'envergure internationale.***

Sky Pub Club

1474 rue Ste-Catherine E., Ⓜ Beaudry ou Papineau, 514-529-6969, www.complexesky.com

Bien plus qu'un club gay, ce complexe abrite un restaurant au rez-de-chaussée, un pub au 1er étage, le Cabaret Sky au 2e étage (musique du Top 40) et les vendredis et samedis soirs, le Sky Club au 3e étage. Sur le toit se trouve une immense terrasse avec bain à remous, piscine, sauna et douches.

Afterhours

Si vous désirez étirer vos soirées, en dansant, jusqu'au milieu de la matinée (2h à 11h), voici de bonnes adresses.

Circus After Hours

917 Ste-Catherine E., à 300 m de Ⓜ Berri-UQAM, 514-844-0188, www.circusafterhours.com

Situé au cœur du Village, le Circus est le plus gros *afterhour* de la métropole. Trois salles de musique différentes avec pistes de danse spacieuses. On y trouve aussi des aires de détente et un service de massage. Clientèle mixte.

> **Bal en blanc.** *Chaque année, du mercredi au lundi de Pâques, la Semaine Bal en Blanc propose cinq soirées de célébrations qui culminent, le dimanche, sur un* afterhour. *Code vestimentaire: blanc et, de préférence, excentrique. Pour en connaître davantage, visitez le site* http://productionsplayground.com.

Stereo

858 rue Ste-Catherine E., à 300 m de Ⓜ Berri-UQAM, 514-658-2646, www.stereo-nightclub.com

Situé au cœur du Village, le Stereo peut accueillir jusqu'à 1 000 danseurs.

> **Fugues** *est un magazine qui s'adresse aux gays et lesbiennes du Québec. Distribué gratuitement dans plusieurs commerces du Village, il est également disponible en ligne* au www.fugues.com. *Le magazine vous informe sur l'actualité gay du Québec et d'ailleurs.*

OUVRAGES CONSULTÉS ET BIBLIOGRAPHIE

Des ouvrages essentiels

- Brassard, Éric, *Un chez-moi à mon coût*, des réponses claires, des idées nouvelles, éditions Éric Brassard, 2000.
- Comité logement Rosemont, *Mon appart, mes droits !*, 2005.
- Duclos, Valérie, *Guide de survie de l'étudiant parisien*, éditions Parigramme, 2005.
- Engelhard, Jean-Marc et Nina Keller, *Manuel de survie de l'étudiant*, éditions l'Étudiant, 2008.
- Nadeau, Laurence, *S'installer & travailler au Québec*, éditions l'Express, 2009-2010.
- Philips, Sandra, *Le consommateur averti*, Montréal, éditions Roxboro, 2003.
- *Tout connaître sur l'assurance automobile et l'assurance habitation*, produit par le Bureau d'assurance du Canada, le Groupement des assureurs automobiles et Option consommateurs, 2007.

Des guides de voyage Ulysse

- Collectif, *Montréal*, Guides de voyage Ulysse, 2009.
- Mansion, Hubert, *Guide de survie des Européens à Montréal*, Guides de voyage Ulysse, 2010.

Des monographies

- Faucher, Sophie, *À vos sous ! Prêt ? Partez : trucs et information pour jeunes consommateurs en quête de liberté*, ACEF de Lanaudière.
- Orvoine, Céline, *Bien manger à bon compte : trucs astuces et information en alimentation*, ACEF de Lanaudière.

@

Partagez vos trucs et vos bonnes adresses pour économiser et vivre pleinement la vie étudiante à Montréal !

Envoyez vos suggestions à *etudiermontreal@ulysse.ca*.

Découvrez les meilleures contributions sur *www.guidesulysse.com/Etudier-a-Montreal*

et sur notre page Facebook : *www.facebook.com/GuidesUlysse*.

INDEX

A

B

C

D

E

R

S

T

U

V

NOTES

NOTES

24,95 $ - 19,99 €

24,95 $ - 19,99 €

24,95 $ - 19,99 €

14,95 $ - 13,99 €

24,95 $ - 22,99 €

14,95 $ - 13,99 €

PLAN DU MÉTRO